Toda comida é *política*

Toda comida é *política*

Ensaios sobre história e alimentação

Joana Monteleone

Alameda

Edição: Haroldo Ceravolo Sereza e Joana Monteleone
Assistente acadêmica: Tamara Santos
Projeto gráfico e diagramação: Ana Júlia Ribeiro e Betânia Santos
Capa: Betânia Santos
Revisão: Alexandra Colontini / Haroldo Ceravolo Sereza
Imagens de capa: "Pirâmide do Sistema Capitalista", publicado por Nedeljkovich, Brashich e Kuharich em 1911. Publicado por The International Pub. Co., Cleveland, OH. Original em: Anti-capitalism color.jpg . Manchas de poeira, nódoas, rasgos e vincos corrigidos com Gimp.

CIP-BRASIL. CATALOGAÇÃO NA PUBLICAÇÃO
SINDICATO NACIONAL DOS EDITORES DE LIVROS, RJ

M781t

Monteleone, Joana
Toda comida é política : ensaios sobre história e alimentação / Joana Monteleone. - 1. ed. - São Paulo : Alameda, 2025.
316 p. : il. ; 21 cm.

Inclui bibliografia
ISBN 978-65-5966-366-8

1. Ensaios brasileiros. 2. Alimentos - Aspectos sociais. I. Título.

CDD: B869.4
25-99178.0 CDU: 82-4(81)

Carla Rosa Martins Gonçalves - Bibliotecária - CRB-7/4782

ALAMEDA CASA EDITORIAL
Rua 13 de Maio, 353 – Bela Vista
CEP 01327-000 – São Paulo, SP
Tel. (11) 3012-2403
www.alamedaeditorial.com.br

Sumário

Prefácio

"Comer é um ato de identidade, um gesto de pertencimento e, muitas vezes, um exercício de sobrevivência. Toda comida é política porque toda vida o é."

Este livro nasce de uma inquietação e de uma aposta. A inquietação vem de viver em um país em que os alimentos circulam entre abundância e escassez, entre luxo e miséria, entre mercado e solidariedade. A aposta é a de que pensar a comida pode nos ajudar a compreender o mundo — e talvez, a transformá-lo.

A frase que dá título ao livro — "Toda comida é política" — não é um slogan, mas uma chave de leitura. Comer é um ato que nos inscreve em sistemas amplos de poder, de produção, de exclusão e de cultura. Ao escolhermos o que comemos (ou ao termos isso escolhido por nós), nos relacionamos com a terra, com o trabalho, com a história, com o corpo e com a memória.

Durante anos, venho estudando a alimentação como prática cultural, social e econômica. Esse percurso — que passa por arquivos, receitas, mercados, entrevistas, campanhas públicas e observação cotidiana — revelou-se também um mergulho na materialidade da vida. A comida, afinal, não está apenas nos livros. Ela está na feira de sábado, na marmita do operário, na horta urbana, no prato de arroz e feijão, no caderno de receitas de família, na mesa de boteco, na sopa servida no acampamento, no café coado ao amanhecer.

Este livro é composto por quatro partes, que se organizam como um percurso possível — ainda que não rígido — de reflexão. A primeira parte, *"Fome, Política e Resistência"*, trata da comida como campo de disputa histórica e social, abordando a desigualdade, a fome, os movimentos populares e os usos políticos da alimentação. A segunda, *"Cultura, Memória e Sociabilidade"*, mergulha na dimensão simbólica e afetiva da comida, explorando seus usos em rituais, tradições, afetos familiares e encontros urbanos. A terceira, *"Sabores, Mercadorias e Capitalismo"*, analisa a comida como mercadoria: suas cadeias globais, suas implicações coloniais, seus vínculos com a escravidão, o racismo e a exploração de recursos naturais. A última parte, *"Tempo, Crise e Invenção"*, reúne textos que pensam a comida em momentos-limite — como pandemias, greves, guerras — e destacam a capacidade inventiva e adaptativa dos sujeitos diante das crises.

É nessa terceira parte que se encontra um dos textos centrais do livro: *A guerra das bananas*. Ao abordar a atuação da United Fruit Company na América Central, o ensaio demonstra como a banana — aparentemente banal — se tornou símbolo de dominação imperialista, violência institucional e exploração de povos inteiros. O termo "república de bananas", tantas vezes usado como metáfora, revela-se ali como realidade brutal e historicamente precisa. O texto é exemplar na articulação entre alimento e política internacional, e marca um ponto de inflexão no livro, mostrando como o consumo cotidiano se conecta com redes geopolíticas e estruturas de dominação global.

Ao longo dos capítulos, percorro temas como a memória das mulheres que cozinham, os sistemas coloniais de produção de açúcar e café, o papel dos alimentos em guerras e pandemias, e a força simbólica dos sabores. Alguns textos celebram: a beleza dos quintais, os cadernos das avós, o pão de Carolina Maria de Jesus. Outros denunciam: a fome estrutural, o extrativismo, o racismo ambiental, os cercos da cidade.

Essa variação de tom — entre o analítico e o afetivo, entre a denúncia e a crônica — é intencional. Escrever sobre comida exige atravessar registros, abraçar o sensível, o cotidiano, o concreto. Este é um livro de história, mas também de panela e palavra. Um livro para ser lido com a cabeça e o estômago, com o olhar crítico e com o apetite de quem quer compreender o que, afinal, nos sustenta.

Desejo que estes ensaios despertem mais perguntas do que respostas. Que provoquem conversas, que circulem em cozinhas, escolas, bibliotecas, rodas de leitura. Que sirvam de alimento para o pensamento e de fermento para a ação.

Gostaria de dedicar esse livro para meus alunos e alunas de Escrita Gastronômica, da pós graduação em Gastronomia, História e Cultura do Senac, por cada conversa, prato descrito, ideia lançada, texto cozido em aula e inspiração compartilhada. Obrigada por me lembrarem, a cada encontro, que pensar a comida é também exercitar a escuta, a imaginação e o afeto.

Joana Monteleone
São Paulo, 2025

Parte I – Fome, Política e Resistência

A comida como linguagem

Já é voz corrente entre os estudiosos e pesquisadores de História da Alimentação que o ato de comer se equivale ao da linguagem. Cozinhar, servir e compartilhar a comida em grupo têm significados e simbolismos que se assemelham às diferentes línguas criadas e usadas por homens e mulheres ao longo da história.

Preparar e servir comida, na maioria das sociedades humanas, envolve um processo complexo, que precisa ser decodificado, entendido e ressignificado por quem dele participa. Aqui, neste artigo, eu queria explorar mais de perto essa semelhança entre a linguagem e a alimentação, entender as influências, os cruzamentos e as interferências que sofrem as línguas e as cozinhas e como isso é essencial para a humanidade.

Podemos pensar que na cozinha os ingredientes são como as palavras, que são as estruturas da língua, e que essas mesmas palavras e ingredientes combinados de uma determinada maneira formam frases ou pratos. As palavras e os ingredientes são arrumados de acordo com regras que podemos chamar de gramática ou livros de receitas. Vai ser a sintaxe que dará sentido ao ato de comer em grupo, regulando a maneira de se servir a mesa. E finalmente é algo parecido com a retórica que regula os comportamentos de homens e mulheres à mesa. É uma analogia complicada, eu sei. Mas podemos pensar nela de outras maneiras mais simples e que fazem parte do nosso dia a dia para chegar à mesma conclusão dos estudiosos.

Quando viajamos para um lugar diferente uma das primeiras coisas que fazemos é experimentar a comida local. E o mesmo acontece com restaurantes de especialidades nacionais que encontramos em nossas cidades. Temos restaurantes italianos em que comemos pizza, ou japoneses em que comemos sushis, ou americanos com seus hambúrgueres. Podemos conhecer um lugar pela comida que experimentamos ali. E é infinitamente mais fácil comer algo de uma determinada localidade do que aprender a língua do lugar. Assim, comendo determinada comida de uma região podemos dizer que já experimentamos seus códigos sociais, sua identidade, que conhecemos seu povo e suas maneiras de viver.

Muitas vezes, é a comida que auxilia na intermediação entre culturas diferentes, abrindo portas, derrubando preconceitos. Jantares diplomáticos, tréguas de paz, feiras, mercados, restaurantes, bares e botecos são instituições que criam empatia e que derrubam barreiras entre os povos, aproximando as pessoas. Constituem a língua gastronômica de um determinado lugar.

Os sistemas culinários, assim como a linguagem, estão sujeitos a toda sorte de intervenções, acréscimos, influências. Uma língua nunca está morta e vive de invenções, de interferências, de acréscimos, de cruzamentos. Ainda que gramáticos conservadores queiram afirmar purismos ou a nefasta influência estrangeira e das gírias, abreviações ou neologismos, as línguas incorporam palavras, as criam, as fundem e... falam. No dia a dia da fala, a gramática e o dicionário são estáticos e tendem a correr atrás do que já acontece na prática.

Com a cozinha acontece o mesmo. Não existe uma cozinha pura ou original – ela está sendo constantemente reinventada, modificada, sofrendo influências, contaminações e interferências de todo tipo. É o que a cozinha tem de maravilhoso. Chegamos assim ao tema de *identidade* e da *troca* na cozinha. Palavras que parecem opostas, mas que se complementam ali, no fazer cotidiano. Afinal, a defesa de uma determinada identidade gastronômica parece se contrapor à necessidade das trocas de ingredientes. Mas são as trocas, as experiências, vivências e necessidades que fazem com que a cozinha e as línguas tenham o que mais importa na vida, a conexão entre as pessoas.

Para cozinhar o lobo da fome

Mary Francis Kennedy nasceu no dia 3 de julho de 1908 em Albion, Michigan, Estados Unidos. Poucos anos depois, em 1912, mudou-se com a família e o pai jornalista para Whittier, para a Califórnia. Em pouco anos, aluna rebelde e leitora apaixonada que era, caiu de amores pela cozinha. Sua avó Holbrook era extremamente religiosa, seguindo uma dieta estrita, influenciada pelos escritos de John Harvey Kellog, com vegetais cozidos demais, carnes passadas e cerais sem graça. Sua vida foi uma busca por um novo tipo de cozinha, solar, com gosto, textura e condimentos, influenciada pelos muitos anos que passou na Europa com o marido Alfred Fisher.

A contribuição de Mary para a gastronomia é imensa, tendo publicado em vida 27 livros, incluindo a tradução para o inglês da *Fisiologia do gosto,* de Brilliat Savarin. Eu gosto particularmente de um de seus livros, *Como cozinhar um lobo,* publicado no Brasil pela Companhia das Letras em 1998. E é dele que vou falar aqui.

Primeiro, é interessante pensar na forma como ela foi publicado. Na língua inglesa, muitas vezes o editor usava as iniciais das escritoras para esconder seu gênero, para dizer que aquele poderia ser um autor e não uma autora — até hoje isso é frequente, aconteceu com J.K. Rowling, por exemplo, autora da saga de Harry Potter. Foi o que aconteceu com ela, que teve todos seus livros assinados por M.F.K. Fisher. Esse disfarce, da capa, dura pouco. Quando você abre as primeiras páginas, rapidamente se depara com um texto leve, despretensioso, escrito por uma mulher em primeira pessoa.

Durante sua vida, Mary viveu as duas guerras mundiais de maneira intensa. Neste volume, publicado em 1942, ela ensina as donas de casa americanas a lidarem com a escassez de alimentos durante a Segunda Guerra Mundial. O lobo, que é cozido no livro, é um sinônimo para a fome. Então, na verdade, esse é um livro de receitas de quem precisa enganar a fome, numa época de enorme falta de comida – um período de exceção.

De certo modo, também vivemos tempos de exceção, nessa pandemia que parece não ter fim. E, numa dessas noites quentes de janeiro, peguei-me pensando no livro e em Mary. Aquele foi um de seus primeiros livros, premida pelos acontecimentos que vivia, lembrando da outra guerra que vivera, com a certeza de que esses tempos de exceção são correntes e voltam amiúde. Mary dá muitas receitas sensatas e fáceis de se fazer, escritas numa linguagem simples, e que poderiam ser reproduzidas facilmente – como ferver um ovo, como fazer uma sopa, como utilizar sobras de refeições em tortas ou afins, como improvisar sobremesas.

A cada receita comentada, ela se lembra de que eram tempos duros, era preciso fazer sacrifícios e que o lobo da fome aguardava à espreita. A cada refeição compartilhada em família, era preciso pensar na próxima, no próximo dia. Mary escrevia para as mulheres porque sabia que eram elas as responsáveis por colocar a comida na mesa para espantar o lobo da fome.

A fome, que volta a assolar o país nos dias de hoje, é de fato um lobo terrível e voraz. Come nossos estômagos, espreita pela janela, bate na porta nos momentos mais tensos. E ainda não estejamos vivendo tempos de racionamento de comida, certamente vivemos tempos de exceção, de destruição e morte.

"Gente é para brilhar e não para passar fome": uma campanha fundamental

Josué de Castro publicou o livro *A geografia da fome* em 1946. Foi a partir de sua vivência como médico no Recife que ele passou a se interessar por entender a fome. Até hoje temos dificuldade em compreender esse fenômeno complexo e assustador. Dessa maneira, foi somente quando a fome saiu da esfera individual e passou a ser encarada como um problema político que se passou a entender melhor um dos maiores problemas da humanidade desde os tempos imemoriais.

Josué de Castro procurou entender o fenômeno da fome pensando fora dos esquemas tradicionais de associação entre fome, miséria e superpopulação. Ou seja, para ele a fome não era algo decorrente do excesso de gente no mundo, mas resultado da péssima distribuição de riqueza. Enquanto alguns tinham muito, muitos ficavam presos a um ciclo interminável de miséria e fome. E ele ia além afirmando que os processos de colonização e dependência econômica agravavam as crises de fome.

Logo no começo do livro *Geografia da fome* está a seguinte formulação: "Interesses e preconceitos de ordem moral e de ordem política e econômica de nossa chamada civilização ocidental tornaram a fome um tema proibido, ou pelo menos pouco aconselhável de ser abordado". A fome era um assunto tabu que ninguém queria se debruçar. Fazia pouco tempo, inclusive, que a fome havia sido incluída nos temas tratados por historiadores por causa de uma nova abordagem da história feita pelos franceses da chamada Escola dos Annales.

Para Josué de Castro a questão da fome seria resolvida com uma melhor distribuição da riqueza, com a diminuição da desigualdade. Ele também via como fundamental para se resolver a questão a distribuição de terras para pequenos agricultores – promovendo assim a reforma agrária. Era um pensamento radical para a época e ainda hoje é considerado progressista. Ele também afirmava que não era porque os famintos não trabalhavam ou não queriam plantar que eles passavam fome, uma ideia comum na época. Não à toa ele foi cassado pelo primeiro Ato Institucional da Ditadura Militar instaurada em 1 de abril de 1964 mesmo sendo o deputado mais votado do Nordeste pelo PTB. Para os militares não existia fome no Brasil – e muito menos vontade de diminuir a desigualdade. Pelo contrário, durante a ditadura, a miséria e a desigualdade aumentaram exponencialmente.

Josué de Castro foi embaixador do Brasil nas Nações Unidas (ONU) entre os anos de 1954 e 1958 e frequentemente discursava sobre o tema. Sua passagem pelo órgão foi marcante e criou escola. O combate à fome passou a ser uma das bandeiras da ONU, que vem alertando para o aumento da fome no mundo – segundo relatórios 1 em cada 19 pessoas passou fome no mundo em 2019. Em 2020, o programa de Combate à Fome da ONU ganhou o Prêmio Nobel da Paz.

O Brasil, graças a uma série de programas e investimentos governamentais, havia saído do mapa da fome da ONU. Mas a troca de governo em 2016 e a eleição de Jair Bolsonaro em 2018 interromperam uma bem sucedida trajetória de combate a fome. Bolsonaro acabou com órgãos de fiscalização e controle, inviabilizou a agricultura familiar e esvaziou as instâncias de promoção de uma alimentação saudável. Há pouco, captaneada por uma das maiores estudiosas da obra de Josué de Castro no Brasil, Adriana Salay Leme, e inúmeros coletivos que militam pela causa da contra a fome no Brasil, foi criada uma intensa campanha está sendo promovida tanto nas redes sociais como na prática no dia a dia.

A campanha se chama "Gente é pra brilhar e não para morrer de fome", inspirada pela letra de Caetano Veloso. Sua face mais visível é a distribuição de alimentos para pessoas em situação de vulnerabilidade social. Mas é campanha que vai além disso – e quer discutir o problema com a sociedade brasileira. Tem fóruns online, discussões com nutricionistas, pesquisadores, chefs além de páginas nas redes sociais. Uma campanha essencial para chamar a atenção para um problema complexo e urgente.

Josué de Castro e a luta urgente contra a fome no Brasil

Josué de Castro foi um dos maiores intelectuais que lutaram contra a fome no Brasil. Médico, geógrafo, nutrólogo, professor, cientista social e escritor, Josué de Castro nasceu em 5 de setembro de 1908 em Recife. Fez faculdade de medicina na Universidade do Rio de Janeiro e logo foi para os Estados Unidos fazer um estágio na Universidade de Columbia. Quando voltou ao Recife abriu uma clínica com uma nova especialidade médica para a época, a nutrição.

Logo, no consultório, percebeu que precisava colocar o pé na rua para entender os problemas nutricionais da população – foi para as fábricas onde percebeu que a doença que acometia os funcionários era a fome. Assim, em 1932, ele lança o livro *Condições de vida das classes operárias do Recife*, em que pela primeira vez se estabelece as relações entre produtividade e alimentação.

Aos poucos sua vida como professor foi se voltando para estudar geografia humana e antropologia, disciplinas que usava como subsídios teóricos para entender o que verdadeiramente o preocupava. Tornou-se professor de geografia, antropologia e de nutrição escrevendo livros, pensando sobre a fome no Brasil. Deu aulas em várias faculdades e escreveu livros fundamentais. Em 1946, publicou o livro que deu fama internacional, *A geografia da fome*, em que ressalta as origens sociais e econômicas de uma das maiores tragédias do estado brasileiro. Por toda a vida ele lutou contra a ideia que de passar fome era natural, que fazia parte da vida.

O livro *A geografia da fome* tornou-se fundamental, trazendo à luz o problema brasileiro, indicando possibilidades de análise e de intervenção. Josué de Castro passou a fazer da recém-criada FAO (*Food and Agriculture Organization*), organização da ONU, criada em outubro daquele ano, 1946, no Canadá. Josué de Castro participa ativamente da criação e da consolidação da FAO como organismo internacional de combate à fome. Em 1962, foi designado embaixador-chefe da delegação do Brasil junto a ONU, em Genebra, cargo que ocupou, *sendo indicado* para o Nobel da Paz em 1963.

Mas a ditadura militar de 1964 interrompeu sua carreira de dedicação ao combate à fome. Foi um dos primeiros a ser exilado e ter seus direitos políticos cassados por 10 anos. Sua luta, afinal, era revolucionária – querer diminuir a desigualdade para acabar com fome, entender que esse era um problema estrutural do estado brasileiro e não uma condição natural, lutar para que as coisas se modificassem, para que trabalhadores tivessem um salário digno e os camponeses terra para plantar, tudo isso era visto como subversivo pelos militares.

Josué de Castro fez parte de uma geração de pensadores que estava preocupada em discutir o trabalho e o trabalhador brasileiro. Até a década de 1930 predominava a ideia de que o Brasil era uma terra de abundância, em que tudo crescia e se multiplicava. A fome, as doenças, a desigualdade não eram nem mencionadas, muito menos eram objeto de estudos ou pesquisas. Josué de Castro, Mário de Andrade, Câmara Cascudo e outros tentavam pensar para além do mito do *Jeca Tatu*, de Monteiro Lobato – entendendo a fome como um problema social e econômico, portanto passível de ser resolvido pela atuação do Estado.

Hoje, a fome voltou ao cotidiano dos brasileiros e a lembrança do pensamento de Josué de Castro se faz cada vez mais presente. Numa coluna dedicada à gastronomia e à ecologia não vejo espaço melhor para falar da fome e essa é uma homenagem a um dos maiores pensadores do país, que lutou como pode para o povo pudesse comer. E nessa homenagem a vontade de que a fome volte a ser uma das prioridades de um governo preocupado com o povo.

Por que o Manifesto de Pollenzo importa

Como digo muitas vezes nas aulas de história da alimentação, comida é linguagem. Ela comunica valores, pertences, desigualdades. Fala da terra, do tempo, do corpo e da memória. Como afirma Massimo Montanari, a comida não apenas "diz" o mundo — ela *é* o mundo, transformado pela cultura. Cozinhar, comer, escolher ingredientes, servir à mesa: tudo isso é expressão de códigos compartilhados, práticas herdadas e decisões políticas. O *Manifesto de Pollenzo*, publicado pela Universidade de Ciências Gastronômicas em 2006, parte justamente dessa ideia para propor uma reconfiguração profunda das formas de pensar, ensinar e viver a comida. A universidade de Pollenzo não é uma faculdade de gastronomia ou nutrição, é um lugar para se pensar e se viver a comida, as culturas envolvidas nos preparos, a mesa como lugar de encontro e a terra como o bem mais precioso da humanidade.

Surgido no contexto do movimento Slow Food — fundado por Carlo Petrini como resposta à padronização da alimentação no capitalismo global —, o manifesto propõe três princípios fundamentais: que a comida seja *boa* (sensorialmente satisfatória, culturalmente rica), *limpa* (ecologicamente sustentável) e *justa* (socialmente equitativa). Esta tríade não é apenas uma ética do consumo. É uma crítica contundente à lógica produtivista da indústria alimentar, ao apagamento dos saberes tradicionais e ao esvaziamento simbólico do ato de comer.

Pollenzo convida a uma descolonização do gosto. Convida a colocar em cena aquilo que muitas vezes é silenciado nos discursos dominantes: o trabalho invisível que sustenta a cadeia alimentar; as desigualdades de acesso e poder; as violências históricas — de gênero, raça e classe — que marcam o cotidiano alimentar. Em países como o Brasil, essas camadas se tornam ainda mais visíveis. Aqui, a comida foi (e é) território de disputa: entre a monocultura e os modos de vida tradicionais; entre a fome e a abundância; entre a cozinha de mercado e a cozinha de quintal.

Esse manifesto também opera como um chamado à pesquisa transdisciplinar. Ele propõe que a gastronomia não se restrinja ao ofício técnico ou ao entretenimento culinário. Comer, segundo essa visão, envolve história, antropologia, botânica, geografia, economia, literatura. A comida é objeto de estudo e prática de resistência. Ela permite reconstruir redes de saberes, mapear fluxos culturais e dar visibilidade a atores esquecidos — sobretudo mulheres, trabalhadores rurais, povos originários e comunidades negras.

Esse ponto é crucial. A história da alimentação é também uma história da desigualdade e da distinção. Como mostrou Sidney Mintz, o açúcar — esse ingrediente aparentemente banal — estruturou séculos de trabalho escravizado e práticas de dominação. No Brasil oitocentista, pensar a mesa, os objetos de serviço, os cardápios, os rituais do chá ou do jantar é entrar em um universo onde se cruzam domesticidade e poder, etiqueta e violência. É justamente por isso que o *Manifesto de Pollenzo* se torna tão contemporâneo: ele devolve à comida sua densidade cultural, política e simbólica.

Para mim, historiadora e pesquisadora da cultura material e da história do consumo, o manifesto funciona como um roteiro e uma ferramenta. Ele nos autoriza a olhar para os objetos da mesa como portadores de sentidos; a escutar os gestos cotidianos como práticas carregadas de memória; a revalorizar formas de saber ameaçadas pela tecnocracia e pela lógica do mercado. Ele também convida à ação: à formação de profissionais conscientes, à formulação de políticas públicas alimentares, à criação de espaços de partilha e de escuta em torno da comida.

Comer é um ato cotidiano, mas nunca neutro. É um gesto de pertencimento, de mediação, de resistência. O *Manifesto de Pollenzo* nos lembra que a alimentação, quando bem compreendida, pode ser um campo de transformação. Pode nos reconectar à terra, à cultura, ao outro — e a nós mesmos.

MANISFESTO DE POLLENZO

por Corpo Docente da Universidade, editado por Nicola Perullo (Tradução: Flávia Couto).

> *"Daqui para frente, devo começar a delinear o papel extremamente importante da Natureza e indicar aos homens seus alimentos adequados, compelindo-os a admitir que eles não compreendem como sua vida é sustentada."*
>
> Plínio, o Velho, *História Natural*

Prefácio

Nós acreditamos que a gastronomia é essencial para a vida humana, para todos os seres vivos e para o planeta Terra em geral. O que significa gastronomia? Gastronomia é uma palavra ambígua, intrigante e ao mesmo tempo difícil de definir. Mais difícil ainda é a expressão "ciências gastronômicas", um neologismo inventado alguns anos atrás aqui em Pollenzo, que desde então começou a penetrar o mundo acadêmico.

Nós acreditamos que a gastronomia é de fundamental importância por que é essencial e abrangente. Nosso objetivo é desenvolver uma nova percepção para a gastronomia como um campo aberto e inclusivo. Se em seu significado tradicional e predominante a gastronomia se refere a maneiras específicas de cozinhar e preparar comida, nós propomos, em vez disso, um sentido mais amplo e mais profundo desta palavra: achamos que qualquer comida dos campos, florestas ou mares pode ser gastronomia. Qualquer cozinha, da mais simples e mais doméstica à mais vanguardista e experimental, pode ser gastronomia. Qualquer forma de consumo de comida pode ser gastronomia. Os ingredientes que transformam estas possibilidades em realidades verdadeiras estão disponíveis em qualquer tempo e latitude: cuidado, respeito, atenção, habilidade, memória e imaginação. Sendo ainda mais sucinto, gastronomia tem a ver com a condição humana; é paixão e amor pela vida. Gastronomia não é uma ciência, nem uma disciplina. É um campo ativo de áreas e conhecimentos entrelaçados. A gastronomia com a qual estamos compromissados representa, assim, uma nova forma de humanismo. Humanismo é tudo menos antropocentrismo. A melhor tradição do humanismo está enraizada no respeito pelos vivos e em um florescimento da diversidade em todos os níveis – não apenas no humano, mas também no animal, vegetal e cosmológico.

Contexto histórico

Embora tenha uma vasta história por trás – grandes trechos da qual permanecem ocultos – apenas nas últimas décadas a gastronomia emergiu como um discurso fundamental na cultura e na sociedade.

Vejamos a cultura ocidental, oferecendo algumas diretrizes críticas e históricas para abordar e compreender a gastronomia como ela é hoje. A gastronomia começou a desenvolver-se nos tempos antigos com os gregos. Sua codificação, no entanto, ocorreu apenas durante a modernidade;

desde então, a gastronomia adquiriu uma crescente autonomia no discurso cultural. No século XX, com a industrialização da agricultura e a explosão da tecnologia, novos modos de produção e novos modelos de consumo contribuíram para sua crescente complexidade. Antiguidade, modernidade, pós-modernidade – a gastronomia evoluiu juntamente com o resto da sociedade e de seus problemas.

O termo gastronomia, de *gastros* estômago, barriga, e *nomos*, domínio, lei: o domínio ou a lei do estômago, algo controlado por humanos, mas que em parte os transcende, apareceu pela primeira vez em *Deipnosophistae (O banquete dos eruditos)*, de Ateneu de Náucratis, que viveu entre os séculos II e III. Esta longa obra de 15 volumes, explicitamente inspirada pelo *Banquete*, de Platão, inclui muitas referências à comida e aos hábitos alimentares nas épocas grega e romana. Ateneu, por sua vez, empresta o termo *gastronomia* (γαστρονομία) de Arquéstrato da Siracusa ou de Gela, um poeta que viveu no século IV a.C. e autor de uma obra hoje perdida, intitulada *Gastronomia*, de acordo com alguns, ou *Hedypatheia* (*Vida de luxúria*) segundo outros. Neste contexto, o termo que significava "domínio do estômago" já estava sendo expandido para significar "boa cozinha", "prazer da mesa" e a habilidade ou "arte" de apreciar a boa comida e bebida. A etimologia da palavra *gastronomia* contém, então, um elemento dietético e normativo fundamental (esquecido na versão moderna, mas retomado na contemporânea): a saber, a capacidade de elaborar alimentos e pratos de uma certa maneira e de apreciá-los.

Esta acepção da palavra posteriormente desapareceu do vocabulário ocidental. E foi ressurgir apenas no início do século XIX – em 1801, para ser preciso – quando o termo apareceu no título de um poema curto, *La gastronomie ou l'homme des champs à table, poème didactique en quatre chants (A gastronomia, ou os prazeres da mesa: poema em 4 cantos)*, de um escritor menor, Joseph Berchoux. Provavelmente veio à tona com o advento das primeiras traduções francesas da obra de Ateneu em Paris no final do século XVII.[1]

Pode-se encontrar referências anteriores, é claro. No século XVI, o grande Rabelais foi o ideólogo perfeito do termo *gastros*, personificado em *Gargantua e Pantagruel* como *Gaster, "o primeiro mestre das artes do mundo"* e os gastrólatras, seus seguidores.[2] Vale lembrar que o desaparecimento de uma palavra do vocabulário por um longo período não significa que a matéria viva a que se refere também desapareça. Mas, de qualquer maneira, este desaparecimento em particular não aconteceu por acaso: teve a ver com uma certa maneira de compreender e experimentar o conceito que a palavra expressava.

Alguns historiadores das ideias chamavam o século XVIII de "o século do gosto". As democracias modernas nasceram no Ocidente entre os séculos XVII e

---

1 A primeira tradução francesa foi publicada em 1680 (Paris, Jacq. Langlois), a segunda entre 1789 e 1791 (Paris, Chez Lamy): cf. Georges Vicaire, *Bibliographie gastronomique*, Genève-Paris, 1983.

2 Cfr. F. Rabelais, *Gargantua et Pantagruel*, trad. *Gargantua and Pantagruel*, Londres, Grant & Cutler 1991.

XVIII, graças às revoluções políticas e econômicas. Foi o século do Iluminismo e da classe burguesa, o século no qual o método científico e a estética amadureceram. O conceito dos museus e restaurantes como instituições e lugares públicos onde podia-se ir para desfrutar de valiosas experiências estéticas e gastronômicas também surgiu mais ou menos nessa época. Foi o século XVII que lançou as bases para o nascimento da gastronomia moderna, geralmente associada à França, lar de seus mais famosos e conhecidos fundadores, Grimod de la Reynière e Anthelme Brillat-Savarin.[3] Foi graças a eles que o termo adquiriu significado e difundiu-se em círculos eruditos, primeiro na França em si, depois no resto da Europa, ficando sempre à margem da alta cultura. Gastrônomo tornou-se um sinônimo para o burguês amante do prazer, viciado no passatempo carnal e luxuriante do comer. Entretanto, a gastronomia conseguiu ganhar status próprio neste período, antecipando uma

3 Além de Anthelme Brillat-Savarin, deputado na Assembléia Nacional Constituinte e posteriormente juiz no Tribunal de Cassação e autor do celebrado *Fisiologia do Gosto* (1825), uma fundamental embora menos conhecida contribuição ao nascimento da gastronomia moderna foi feita também por Alexandre Balthazar Laurent Grimod de la Reynière (1759-1837). Ele foi um rico advogado de Paris, organizador de almoços espetaculares e autor do *Almanach des Gourmands*, um tipo de manual com dicas para o melhor uso de ingredientes alimentícios, publicado em Paris de 1803 a 1812, e do *Manual dos Anfitriões*, publicado em 1808.

sistematização do discurso que ainda contém elementos de interesse para nós, ainda que seja falha devido a seus limites e pontos críticos.

Por um lado, Brillat-Savarin domina a vocação "enciclopédica" da gastronomia: "*A gastronomia é o conhecimento fundamentado de tudo o que se refere ao homem, na medida em que ele se alimenta.4* Ele traz, então, agricultores, vinhateiros, pescadores e cozinheiros para o repertório da gastronomia. Ele argumenta que o sujeito pertence à história natural (em termos da classificação das substâncias comestíveis), à física e à química (em termos de análise, resolução e separação), à cozinha, ao comércio e à economia política (em termos da obtenção de recursos e da instituição dos meios de troca entre nações. Ele também diz que, sob esse ponto de vista, a gastronomia "rege toda a vida".[5] Como aponta Roland Barthes, Brillat-Savarin vê a gastronomia como um tópico geral que pode ser abordado por todas as ciências naturais e sociais: biologia, química, sociologia, história, antropologia, filosofia, economia, direito e arte. A gastronomia moderna tinha, portanto, consciência de que era um espelho da condição humana, um prisma através do qual podemos observar, descrever e experimentar o mundo como um todo. Não faltaram hipóteses filosóficas ambiciosas inspiradas

---

4 A. Brillat-Savarin, Fisiologia do gosto, trad. Paulo Neves, Companhia das Letras, São Paulo, 1995, p.57.

5 *Ibidem*, p. 62.

pela gastronomia. Na *Teoria dos quatro movimentos* e em *O novo mundo amoroso,* o filósofo Charles Fourier (primo de Brillat-Savarin) vislumbrava uma sociedade baseada no senso de comunidade e no compartilhamento, na qual relações sociais e sexuais fossem livres e não controladas por códigos morais burgueses. Nesta sociedade utópica, a gastronomia como prazer e apreciação da comida e da convivência desempenhava um papel crucial. Com a sua celebrada máxima "Somos o que comemos", o filósofo alemão Ludwig Feurbach lançou as bases para o que hoje é uma premissa científica aceita: a saber, a inseparabilidade entre mente e corpo nos processos cognitivos. Todos sabemos que é qualquer pensamento sempre é encarnado e, portanto, depende parcialmente dos processos metabólicos dietéticos geradores de energia que estão constantemente acontecendo dentro de nós.

Na modernidade ocidental, essas hipóteses teóricas – que também encontramos no pensamento de Nietzsche, e que vão além do dualismo cartesiano e são reconstruídas a partir do corpo e de uma "filosofia da comida" – permanecerem marginais. Sucumbiram ao modelo epistemológico prevalecente baseado, ao contrário, nos dualismos entre mente e corpo, teoria e prática. Esse dualismo teórico também tem consequências hierárquicas práticas. Basta pensar na desvalorização social e intelectual do trabalho manual e artesanal, e na divisão entre arte e trabalhos intelectuais de um lado e artesanato do outro, com a consequente submissão do último com relação ao primeiro. É claro que essa hierarquia não era particularmente nova na história, mas a democracia moderna acentuou-a fortemente e de uma maneira diferente.

Por outro lado, naquela época a gastronomia ocidental moderna encontrava-se parcialmente aliada à situação descrita acima. Consequentemente, também correspondia basicamente a um modelo antropocêntrico e eurocêntrico. As hegemonias francesas, masculinas e de classe alta determinavam o padrão de "bom gosto" que hoje parece não apenas historicamente insatisfatório, mas também teoricamente inadequado. Afinal, a gastronomia moderna era tanto ambígua quanto mal-resolvida. No caminho entre a modernidade e os nossos dias, o destino da gastronomia mudou, logo o significado da palavra também deveria mudar. A gastronomia tem, finalmente, a chance de esclarecer sua condição teórica.

Rumo a uma gastronomia crítica e reformulada

Para compreendermos totalmente o potencial da gastronomia hoje precisamos analisar brevemente e mais de perto o trajeto do conhecimento, pelo menos em nossa tradição, na cultura ocidental. Depois disso estaremos prontos para compreender as razões pelas quais achamos importante manter a mesma palavra, ainda que esteja carregada de preconceitos; foi essa convicção que alguns anos atrás nos levou a propor a nova expressão "ciências gastronômicas" para a nossa instituição acadêmica.

Já compreendemos que a gastronomia moderna conservava uma condição ambígua, entre impulsos emancipatórios e o eurocentrismo masculinizado. A mesma ambiguidade também atravessava a multiplicidade de disciplinas que abarcava: a antropologia, a sociologia, a história, a filosofia, a economia e todas as outras envolvidas no processo de nutrir a vida. Afinal, essa era a condição ambígua do conhecimento institucional enfatizada por muitos acadêmicos no século XX: conhecimento também tem a ver com estruturas de poder e hierarquia social. Até mesmo a universidade moderna sofreu, de alguma maneira, das mesmas limitações.

No entanto, isso não é mais possível hoje em dia: as referências são necessariamente globais e globalizantes. Isso pressupõe a construção de modelos teóricos e práticos que enxergam além da ponta de seus narizes e olhem para além de seus umbigos. Se qualquer pesquisa verdadeira é uma pesquisa que enxerga o mundo mesmo quando centrada em assuntos locais muito específicos, então o mesmo é verdade para a pesquisa gastronômica.

O paralelismo entre o destino da gastronomia e o destino de outros campos do conhecimento encontra-se primeiramente na noção de uma crescente conscientização de sua complexidade. Essa é a premissa básica e inescapável da expressão "ciências gastronômicas". Ciência não é um conceito polido e reducionista; ao contrário, é complexo, tortuoso e muito abrangente.

Tomemos dois exemplos de diferentes disciplinas: o primeiro vem das ciências da terra, especificamente a botânica. Como sabemos, a botânica é essencial para a gastronomia. O escritor norte-americano Michael Pollan dedicou seu primeiro livro importante a ela: *A botânica do desejo*. Botânica tem a ver com biodiversidade. No entanto, se o conceito moderno de biodiversidade foi definido em três níveis de diversidade – genética, espécies e ecossistemas – hoje em dia o novo paradigma é, muito ao contrário, sobre a diversidade biocultural. Diversidade biocultural é um plexo, um emaranhado inextricável que descreve a diversidade da vida ao levar em conta tanto o mundo biótico quanto o ambiente cultural e social de um ser humano, que também fazem parte da biota. O segundo exemplo vem da história. É significativo que o interesse pela comida e pela gastronomia tenha começado com a escola dos Annales francesa, que desde da década de 1930 forneceu abordagens teóricas para a admissão da cultura material ao campo dos estudos históricos. Acadêmicos e escritores fizeram algumas descobertas importantes – assim atestam estudos históricos e filosóficos de livros de receitas publicados na Itália no século XVI –, mas antes da escola dos Annales estes não haviam sido de maneira alguma sistematicamente e programaticamente estruturados. A escola inventou uma nova forma de escrever a história, muito baseada na intersecção de diferentes disciplinas – da paleontologia à arqueologia, da geografia às ciências da vida – e também baseada na preocupação com aspectos aparentemente insignificantes, menores, marginais.

Este breve panorama das trajetórias do tema da gastronomia serve para compreender sua passagem para além da modernidade. Enquanto os estudos gastronômicos atingiam sua primeira identificação e codificação no contexto acadêmico entre o final dos anos 1970 e o final dos anos 1990, um novo desafio acontecia entre os séculos XX e XXI. A gastronomia no século XXI deve confrontar a nova crise global – ambiental, política, social e econômica. As ciências gastronômicas operam em campo notadamente irregular e complexo, de maneira que almejam reconstruir um cenário global que faça sentido acima de tudo. Afinal, a demanda por sentido e história, por planos e por um futuro, tornou-se agora impreterível, e acreditamos que o conhecimento prazeroso não apenas *da*, mas *com a* comida – no sentido de *conhecimento participativo* – é uma das mais poderosas ferramentas para suprir esta demanda.

Ressaltamos novamente que a expressão "ciências gastronômicas" não designa uma ciência ou disciplina única, mas um campo heterogêneo no qual diferentes metodologias, perspectivas e abordagens do conhecimento encontram-se em um diálogo ativo e dinâmico. Mais uma vez, as ciências gastronômicas refletem a evolução da condição humana. Como diz Edgar Morin, o estudo da condição humana não depende só da iluminação das ciências humanas, e muito menos da filosofia e da literatura. Uma "cabeça bem-feita" é formada com a ajuda da cultura científica, que mostra aos seres humanos seu devido lugar no universo físico e na biosfera terrestre; as ciências humanas – a antropologia, a sociologia, a psicologia, a história e todas as outras; e, finalmente, as humanidades, ou seja, a literatura, a arte e o Belo. Apenas desta maneira é possível atingir a consciência de um destino comum, típico da nossa condição planetária. É com esse espírito que as ciências gastronômicas operam no século XXI, e o mesmo espírito habita os princípios que inspiraram o Slow Food e a Terra Madre.

Em todo o mundo, muitos acadêmicos e pensadores importantes nas últimas décadas propuseram uma abordagem teórica para uma complexidade sistêmica que pode ajudar a construção da consciência para uma nova gastronomia crítica. A maioria deles não são gastrônomos no sentido clássico e burguês da palavra. Muitas vezes, as representações do gourmet moderno enfatizavam os prazeres gastronômicos como os "domingos da vida", ou o cultivo do consumo conspícuo ou do ócio próspero: um passatempo agradável que não requer esforço, mas oferece apenas migalhas de significado e gratificação. Pelo contrário, queremos reformar a gastronomia e libertá-la destas hoje obsoletas e injustas limitações.

Justiça alimentar e soberania alimentar

A gastronomia no século XXI está se tornando consciente deste outro lado (proibido) e de seu tabu oculto: a fome. As ciências gastronômicas não podem ignorar as questões do desperdício da comida e da distribuição justa de recursos desde o comecinho da cadeia, desde as matérias-primas. Os direitos daqueles que produzem alimentos e daqueles que criam novos alimentos – e que, adotando a lógica do empreendedorismo privado desejam explorar seu potencial econômico – entram em conflito facilmente com o direito natural daqueles que lutam para sobreviver de escolherem em sua própria comida e de obterem acesso efetivo ao suficiente dela.

Neste sentido, a questão da soberania alimentar é central. Toda sociedade e toda comunidade tem o direito de conceber, projetar e desenvolver sistemas alimentares que representem para ela valores significativos. Muitos assuntos legais também são centrais no desenvolvimento de uma nova gastronomia hoje: da segurança alimentar ao consumo seguro, passando pelo nascimento do consumo de massa da revolução industrial, chegando à agropiratária e à proteção do meio-ambiente, da mão-de-obra agrária e da defesa agrícola. Há hoje cada vez menos alimentos para um crescente número de consumidores. Para a vasta maioria, "adquirir" está paulatinamente substituindo o "fazer". Esta evolução necessariamente diz respeito às leis, no que concerne a comportamentos antiéticos, que podem prejudicar a saúde e a soberania alimentar de muitos.

Diversidades bio-culturais e sustentabilidade

A nova gastronomia enfrenta cada vez mais desafios ambientais relacionados tanto a questões biológicas quanto culturais referentes à comida. Então, a etnobiologia e a agroecologia, por exemplo, criadas da convergência dos estudos centrados no Conhecimento Ecológico Tradicional (TEK) e na biologia, agronomia e ecologia respectivamente, são campos de pesquisa emergentes nos quais as ciências sociais, biológicas, agrícolas e ecológicas são aplicadas na compreensão do conhecimento ancestral da natureza e na concepção, no planejamento e no gerenciamento de agrossistemas sustentáveis. Neste contexto, o objetivo dessas áreas interdisciplinares é melhorar sistemas alimentares sustentáveis e soberanos através da celebração das interações biológicas e culturais entre todos os componentes do sistema alimentar.

É primordial aqui uma visão cosmocêntrica (ao invés de antropocêntrica) do universo, na qual seres humanos vejam a si mesmos e ajam como organismos complexos em um ambiente composto de outros organismos, de acordo com um modelo sistêmico e monista de relações interdependentes nem discretas, nem dualistas, e nem baseadas na exploração e na dominação. Neste sentido, a gastronomia hoje preocupa-se particularmente com questões relevantes para um planejamento de sistemas alimentares complexos concebidos de acordo com um modelo de circularidade e reciprocidade que garanta o uso correto dos recursos: consequentemente, a valorização de diversidades bioculturais.

Bem-estar prazer e convivência

Na gastronomia antiga e medieval, a dietética era crucial. A dieta tinha um sentido muito amplo: um estilo de vida completo capaz de garantir bem-estar, saúde e uma vida mais feliz. *De honesta voluptate et valetudine (Sobre os prazeres honestos e a boa saúde)* é o título de um famoso tratado de um dos mais importantes humanistas e gastrônomos italianos da Renascença, Bartolomeo Sacchi, conhecido como Platina. Contudo, na gastronomia moderna, o elemento dietético separou-se do gosto e do prazer. A nova gastronomia pretende reviver o espírito da antiga, reforçando a ligação e, é claro, enriquecendo-a com a contribuição da ciência médica contemporânea. Consequentemente, a distinção moderna entre comida e gastronomia, entre as necessidades do corpo e o prazer do ego, parece problemática tanto em termos cognitivos quanto simbólicos. Este equívoco provavelmente emergiu da confusão entre os termos "nutrição" e "nutricionismo". Gastronomia é nutrição, por que nutrição se refere a algo essencial e complexo. Nutrimento é vida, mas isso não quer dizer que a complexidade biocultural dos valores alimentares é traduzível no nutricionismo moderno, que tem frequentemente apregoado a redução do valor da comida àquele de seus componentes quantitativos e nutricionais.

Na verdade, hoje em dia todos os bons nutricionistas têm perfeita consciência deste fato. Comer uma maçã não equivale simplesmente a comer uma certa quantidade de fibras, carboidratos e vitaminas, porque o ato de comê-la envolve outros aspectos igualmente essenciais ao prazer e à boa nutrição saudável: a saber, seu sabor, sua crocância, sua consistência de maçã. O filósofo Emanuel Lévinas uma vez escreveu que não vivemos para comer, e nem comemos alimentos simplesmente como combustível para sobreviver; *comemos porque temos fome,* implícitos na fome estão todos os processos ligados ao prazer humano e ao desejo por relações e pela sociabilidade. Um dos maiores desafios será o desenvolvimento de estratégias culturais e educativas para harmonizar não apenas gosto e saúde, como também (mais amplamente) prazer e bem-estar, não só de humanos como também de outros seres vivos. A questão do prazer convivial e social é crucial para a gastronomia.

Identidade, tradição e autenticidade

A desconstrução destas palavras é tarefa crucial para a nova gastronomia. As ciências gastronômicas devem restaurar e agregar valor a seu significado. Mesmo que pareça óbvio, ainda é necessário esclarecer um equívoco básico na área: a gastronomia não levanta trincheiras para defender noções tradicionalistas, nostálgicas e estáticas de identidade e tradição. *A tradição nada mais é que a elaboração do futuro, sendo que o futuro não é nada sem a memória.* Para construir o futuro, pode ser útil dar alguns passos adiante, outros para o lado, e até alguns para trás. A nova gastronomia encontra-se à vontade entre o localismo e o globalismo. A imagem que possivelmente a representa mais do que qualquer outra é a da colmeia: as identidades de lugares e pessoas são vistas como processos dinâmicos em constante evolução; tradição como um projeto, uma ferramenta para construir um futuro melhor e mais justo; e autenticidade como um processo contínuo de autenticação. Autenticidade é uma palavra ainda mais perigosa; um conceito complexo e espinhoso, frequentemente usado de maneira culturalmente e politicamente conservadora. A autenticidade não é uma base hipostática para valores estáveis, mas, ao contrário, um processo dinâmico de autenticação produzido por negociações humanas e diálogo. É uma estabilização momentânea, em constante evolução e mudança, das hibridizações e contaminações. Para citar um exemplo, hoje em dia o vinho Barolo cuidadosamente feito por migrantes macedônios ou suíços pode ser mais autêntico do que um Barolo produzido com métodos invasivos e homogeneizantes por uma família que vive nas encostas vitícolas de Langa há gerações. Apenas o diálogo após degustá-lo entre os membros de uma dada comunidade familiarizada com o Barolo pode estabelecer esta autenticidade.

Em outras palavras, a neo-gastronomia deseja contribuir para o pensamento sobre a evolução, que não corresponde necessariamente ao paradigma de desenvolvimento econômico-capitalista que representa mais um resíduo obsoleto da modernidade.

Experiência gosto e educação

A comida como nutrição e como gosto precisa ser vivenciada. A gastronomia é o conhecimento através da experiência. As ciências gastronômicas, um enorme campo de diferentes perspectivas e disciplinas sobre a alimentação, também se apoia no viés experimental do conhecimento: teoria e prática estão estritamente interligadas. Experiências gustativas são relacionais e dialógicas. A nova gastronomia tem como tarefa a criação de um modelo epistemologicamente mais apropriado e amplo para compreender diferentes culturas gustativas. As competências alimentares deveriam, então, ser vistas tanto como um treinamento dos sentidos quanto como uma educação da sensibilidade. Através dessas lentes, o exercício do gosto é uma educação contínua na diplomacia, a diplomacia das relações conviviais.

Ressaltar o valor da experiência é desconstruir o paradigma epistêmico e social moderno da superioridade da teoria sobre a prática. Ao invés disso, as ciências gastronômicas colocam teoria e prática, contemplação e observação, livros e mãos, mente e corpo, escrita, gesto e discurso todos no mesmo plano. Então a nova gastronomia tem a tarefa de perpetuar histórias: experiências alimentares não escapam de uma dimensão narrativa, por que experiências são histórias. A gastronomia é, então, arte, comunicação e criatividade.

Neste sentido, o verdadeiro o gastrônomo do século XXI não estuda a comida como um objeto; a gastronomia estuda *com* a comida, considerando a cultura como uma forma de compreensão prática que leva ao constante enriquecimento, transformação e evolução, ao contrário da mera aquisição de dados previamente estruturados. Em outras palavras, nossa relação com a comida não serve apenas para transformar o alimento e garantir a produção de comida sempre melhor, mas também para nos transformar em seres humanos melhores.

Conclusão

A gastronomia é uma comunidade aberta equivalente ao planeta Terra. As áreas de pesquisa, ensino e aprendizagem que as ciências gastronômicas ajudam a estimular não são feitas apenas por acadêmicos. Com a gastronomia, uma certa ideia de academia também deve ser desconstruída. Os próprios acadêmicos devem mudar, aprendendo a aprender durante a jornada rumo a um novo modo de criar conhecimento. Isso é possível em um espaço aberto e receptivo, habitado por estudantes, agricultores, pescadores, produtores, cozinheiros domésticos e profissionais, vendedores e entusiastas da comida. Toda a humanidade e todos os seres humanos são membros legítimos desta comunidade, pois a comida diz respeito a todos e pertence a todos. Mais precisamente, se não quisermos ser comidos pela comida – para usar uma expressão de Carlo Petrini – será necessário, acima de tudo, parar de pensar sobre ela como um objeto sob nosso total controle, e relacionar-se com ela com respeito, cuidado, paixão e amor pela vida. Esta é a tarefa a ser elaborada por uma nova gastronomia.

Quem cobiça o café Guaií, do MST?

O café um dos produtos mais valiosos do mundo. Também é complexo, sujeito a variações de safra, de preços, de companhias internacionais. Especula-se muito com café e há muito tempo. É um produto intimamente ligado à história do Brasil, em especial com o século XIX, com relações de trabalho que envolveram uma extensa rede de tráfico de escravizados e exploração exaustiva do trabalho dos imigrantes nas lavouras do oeste paulista na virada do século XX.

Mas a história do café no Brasil não parou na expansão cafeeira do oeste paulista e, ao longo do último século, se espalhou por muitas regiões. Hoje, através do manejo da terra, está presente do sul ao norte do país. Mas uma região em especial planta alguns dos melhores grãos do planeta, exportando-os com um excepcional selo de qualidade: é o sul de Minas.

As terras do Quilombo Campo do Meio, que justamente ficam no sul de Minas, sofreram uma tentativa de desocupação pelo governo estadual mineiro, numa ordem partida diretamente do governador Romeu Zema. Uma escola popular foi destruída, e algumas famílias foram desalojadas. O quilombo sofreu inúmeras intimidações pela polícia, que chegou paramentada para a guerra, com 250 homens, incluindo o batalhão de choque com caminhão blindado (tipo brucutu), caminhões do corpo de bombeiro e até helicóptero, que fazia voos rasantes sobre os ocupantes do Quilombo. Como em inúmeras ocupações ligadas ao MST, o quilombo planta uma enorme variedade de produtos orgânicos, entre eles feijão, abóbora, hortaliças. Mas não é isso que atrai a cobiça por essas terras: o que explica a opção pela violência armada contra os camponeses é o sucesso do trabalho com um dos produtos agrícolas mais valorizados do país: o café arábica.

O mundo do café tem uma grande divisão, em duas principais variedades produzidas para o grande mercado: o café robusta e o café arábica. O robusta é o fruto de uma árvore mais resistente às pragas e que produz um café com gosto mais ácido. O arábica é, por sua vez, um café mais difícil de ser cultivado, mas, por outro lado, costuma ser mais saboroso: seu grão é mais suave, mais aromático, mais denso. Essas características, e mais algumas que os sommeliers de café descrevem com palavras rebuscadas, fazem com que esses grãos valham muito mais, sobretudo no mercado internacional.

A região do sul de Minas é conhecida por plantar grãos arábica. E o Quilombo do Campo do Meio é uma das áreas mais bem sucedidas nesse cultivo. O café Guaií, marca que nasceu da produção do Quilombo, é resultado de grãos 100% arábica, sem nenhum robusta ou qualquer outro ingrediente. Guaií significa semente boa, em guarani.

A terra em disputa foi uma antiga fazenda e usina de cana de açúcar chamada Ariadnópolis, perto de Alfenas. A história da usina se confunde com a história da cidade de Campo do Meio. Em 1908, o português Manoel Alves de Azevedo fundou a usina e deu origem a um pequeno povoamento de trabalhadores no local. Não era uma usina de grande porte, mas cresceu com as décadas. Na década de 1970, a ditadura militar criou uma série de incentivos para grandes usineiros e plantadores de cana de açúcar. O programa chamava-se Pró-Álcool, e do lado dos usineiros era capitaneado pelo empresário Jorge Wolney Atalla, presidente da Coopersucar, que se tornou uma das maiores exportadoras brasileiras de açúcar e etanol no mercado mundial. As relações entre Atalla e a ditadura eram muito próximas, a ponto do Grupo Atalla ser um dos maiores financiadores da Operação Bandeirantes, a Oban, estrutura de repressão semiclandestina que prendia ilegalmente e torturava opositores do regime.

A usina de Ariadnópolis, chamada de Companhia Agropecuária Irmãos Azevedo (CAPIA), cresceu enquanto o governo liberava largas somas de empréstimos a empresários ligados à produção de etanol e açúcar. Quando o dinheiro secou em meados dos anos 1980, a usina entrou num longo processo de decadência econômica, aliada à má gestão, que culminou na sua falência em 1993. O processo todo foi concluído em 1996. Os trabalhadores da usina não receberam seus direitos trabalhistas. No processo, as terras foram penhoradas para a União. As dívidas somavam mais de 300 milhões de reais.

Logo depois da falência, há mais de duas décadas, os trabalhadores que não receberam seus direitos permaneceram no local e começaram a produzir alimentos para se autossustentar, numa lógica da subsistência. A esse grupo inicial se somaram migrantes do vale do Jequitinhonha e muitos camponeses sem terras para plantar, que foram progressivamente transformando a terra abandonada numa área produtiva, capaz de alimentar muita gente. Assim nasceu o Quilombo Campo do Meio, com quase 4.000 hectares de terra, e que possui 11 acampamentos organizados na área. O trabalho cresceu e se sofisticou, com a produção do grão arábica de forma orgânica e sustentável, combinado com lavouras de alimentos que evitam pragas e recuperam a terra, sem a contaminação com agrotóxicos: hortaliças, legumes, amendoim, feijão etc. No ano de 2018, as famílias acampadas alcançaram uma produção de cerca de 8.500 sacas de café orgânico. Além de produzir alimentos, o trabalho agroecológico do quilombo fez reviver as nascentes da região. Ou seja, além de café e comida, o quilombo produz água limpa e saudável.

Em 2015, um decreto estadual, o Decreto Estadual n.º 365/2015, desapropriou 3.195 hectares da falida Usina Ariadnópolis. O documento tinha como proposta desapropriar a área mediante o pagamento de R$ 66 milhões aos empresários. Chegou-se até mesmo a firmar-se um acordo de pagamento. Apoiados pela bancada ruralista do Congresso e latifundiários da região, os acionistas da empresa não aceitaram o acordo e retornaram o caso à justiça de Minas pedindo a anulação do decreto, que já havia sido validado por dois julgamentos.

E aqui voltamos a falar de café. Enquanto o acampamento crescia, depois da falência nos anos 1990, a região tornou-se uma das mais importantes áreas de plantio de café do país. Ali, no sul de Minas, estava uma parte das fazendas do então maior produtor de café do mundo, João Faria da Silva. Uma de suas fazendas, Campo Verde, com 1.056 hectares, é vizinha das terras hoje ocupadas pelas famílias do Quilombo Campo Grande. Com a fazenda da usina sendo recuperada pelos agricultores do acampamento e o café Guaií ganhando reputação internacional, João voltou seus olhos e seus negócios para área.

Em 2011, a massa falida da CAPIA entrou com uma ação de reintegração de posse. Cerca de 16 anos depois da falência, o plano de recuperação encabeçado por um dos herdeiros, Jovane de Souza Moreira, possuía uma carta na manga, escondida entre várias cláusulas. A CAPIA havia feito um acordo com a Jodil Agropecuária e Participações Ltda., empresa de João Faria da Silva. Pelo acordo, 3.195

hectares da Fazenda Ariadnópolis seriam arrendadas para a Jodil Agropecuária e Participações Ltda., de João Faria da Silva, para plantar café – ou, para ser mais exata, incorporar os pés de café Guaií às suas próprias plantações. Era um plano de negócios perfeito: valiosos pés de café arábica, já grandes e bem tratados, sustentáveis, seriam incorporados aos cafezais das mais de 20 empresas de João e à vizinha fazenda Campo Verde. João Faria ganharia pés de café já produtivos quase de graça e ainda eliminaria um concorrente do mercado. Esse contrato, firmado em 2016, valeria 7 anos. O relógio do despejo então começou a contar.

Entre as inúmeras empresas de João Faria está a Terra Forte Importação e Exportação, que negocia grãos de café com gigantes do mercado internacional, como a Nestlé e a Jacobs Douwe Egberts, que são donas de marcas que costumamos usar no cotidiano: Pilão, Café do Ponto, Cacique, Café Pelé e Damasco. Faria tem outros negócios, sendo proprietário da Campneus, maior revendedora brasileira de pneus Pirelli. Em 2008, a companhia de João Faria detinha 6,5% de toda exportação de café brasileiro. Tinha 18 milhões de pés de café. O site "De olho nos ruralistas" fez uma excelente matéria sobre o assunto em 13 de novembro de 2018[1] , com o título Maior produtor de café do Brasil avança sobre fazenda ocupada há 20 anos por famílias sem terra.

---

1 (https://deolhonosruralistas.com.br/2018/11/13/maior-produtor-de-cafe-do-brasil-avanca-sobre-fazenda-ocupada-ha-20-anos-por-familias-sem-terra/).

A vida econômica do grupo de João Faria entrou em decadência nos últimos anos. Em janeiro de 2018, ele foi citado na Operação Rosa dos Ventos da Polícia Federal, que investigava um enorme esquema de lavagem de dinheiro e sonegação fiscal em Campinas, onde mora o empresário, junto com um de seus sócios, Miceno Rossi Neto. Muitos políticos da bancada ruralista devem seus mandatos a vultosas somas de financiamentos de campanha.

Em abril de 2019, a Terra Forte entrou com processo de recuperação judicial. Suas dívidas ultrapassam 1 bilhão de reais. Os principais credores são o Banco do Brasil, o Bradesco e o Banco Cargill. O aumento do dólar frente ao real e, nos últimos anos, a queda do preço do café no mercado fizeram com que a dívida do empresário subisse de maneira praticamente incontrolável. Aliado a isso, uma série de péssimas decisões administrativas e de gestão tornaram o negócio praticamente inviável. João Faria, na época, apostava num preço de casa de café de R$ 550, mas a saca em 2019 passou a valer apenas R$ 350. Nos últimos tempos, o valor da saca de café arábica, no entanto, se recuperou e valia, em 15 de agosto de 2020, R$ 587. A retomada do preço do café arábica ampliou, consequentemente, o valor dos pés de café do Quilombo Campo do Meio. Mais um incentivo para que o despejo se realizasse logo – isso somado à pandemia criou as condições ideais para que o Quilombo fosse atacado pelas forças policiais.

Cuidando do caso há muitos anos está o juiz Walter Zwicker Esbaille Junior, da Vara Agrária de Minas Gerais.

No dia 7 de novembro de 2018, o juiz proibiu a entrada dos sem-terra na audiência de conciliação, chamando a tropa de choque para reforçar a segurança. Sem dar chance pra contestação, rapidamente, o juiz deu ganho de causa para João Faria da Silva. Logo depois, a decisão de Esbaille foi suspensa pelo desembargador Marcos Henrique Caldeira Brant, do Tribunal de Justiça de Minas Gerais (TJMG).

Muitas liminares foram e vieram numa guerra burocrática e jurídica que durou anos e culminou na decisão, agora em agosto, de desapropriar o quilombo no meio da pandemia de 2021. O juiz também está envolvido em outro processo controverso de reintegração de posse no vale de Jequitinhonha, o acampamento Terra Prometida. Nesse caso, há 18 anos, ocorreu um massacre contra os agricultores que ocupavam uma terra do Estado grilada.

Na última semana, depois de um conflito em que os integrantes do Quilombo Campo do Meio foram ameaçados, tiveram sua escola derrubada na frente das crianças, juntamente com algumas casas, sofreram ameaças de todos os tipos, a sociedade se mobilizou e o governador Romeu Zema (do Novo) retirou a polícia do local. Vitória, pelo enquanto, dos bravos e dedicados camponeses.

O manejo sustentável da terra, seu cuidado e sua recuperação representam uma nova maneira de lidar com a terra e uma nova relação com alimentos. Plantar, colher e produzir um café da qualidade do Guaií é um feito, ainda mais sofrendo agressões de todos os tipos. Numa área em que a monocultura é a regra, a experiência do quilombo mostra não apenas a capacidade de produzir dos assentamentos, mas também aponta para uma forma muito mais inteligente e socialmente justa de manejar a terra. Cada família cultiva 20 hectares de terra, junto com o arroz, o feijão, o milho, a banana, a adubação verde, as árvores frutíferas e as nativas. As lavouras são orgânicas e rompem com o uso de adubos de síntese química. Romper com o ciclo nocivo de adubos sintéticos e monoculturas não é fácil e incomoda muita gente. Mas o Guaií é de todos nós. E é supercafé. Que tenha uma vida longa e frutífera.

Atualização: Em junho de 2025 a Justiça reconheceu a posse da terra por 459 famílias sem-terra acampadas no quilombo Campo Grande, no município de Campo do Meio, sul de Minas Gerais. Ver: https://www.brasildefato.com.br/2023/06/03/em-decisao-historica-justica-reconhece-posse-dos-sem-terra-no-quilombo-campo-grande-mg/

O café do Bruno
filosofia, política e amor

Na rua 13 de Maio, número 580, no coração do Bixiga, fica uma casa centenária pintada de bege e vermelho – que já foi azul e de várias outras cores... Tem uma entrada lateral, provavelmente por onde passavam os coches, com seus cavalos, no começo do século XX. Grandes janelas e uma porta-balcão ladeavam uma placa antiga com os dizeres: "Sabelucha: café e doceria". Quem passava por lá via bandeiras do PT, pôsters de campanhas políticas, estátuas de líderes políticos, camisetas e muitos livros de filosofia, ensaios de análise de conjuntura, de sociologia e jornalismo.

O café nunca estava vazio. Atrás dos balcões estava Segismundo Bruno, com um enorme sorriso aberto, conversando com todos que frequentavam seu estabelecimento. Era o "Café do Bruno". No dia 18 de novembro de 2021, o Bruno faleceu e essa coluna é uma homenagem a ele, ao seu legado e a sua luta e resistência à frente do café.

Um café nunca é apenas um café. Um café traz consigo uma história de séculos. Na época Moderna, mais especificamente no século XVIII, um novo tipo de estabelecimento surge em Paris. Era um lugar que servia uma nova bebida, encontrada na Etiópia, e que se espalhava a partir do mundo árabe pela Europa. O café tinha propriedades especiais nunca antes vistas, ou melhor, nunca antes sentidas pelos homens. A bebida deixava os homens e mulheres mais atentos, sóbrios, sem dormirem, vigilantes.

Quando chegou à corte de Luis XIV, na década de 1680, o café logo tornou-se uma moda entre os cortesãos elegantes. Para sorvê-lo necessitava-se de pequenas xícaras, e ele animava conversas. Em pouco tempo as importações cresceram e nasceu na cidade um lugar com características singulares, o Café Procope, perto da *Comédie Française*, que tinha acabado de abrir as portas. O lugar transformou-se num ponto de encontro de artistas e intelectuais, ansiosos por provar a novidade que encantava a cidade. Em um século, os cafés se tornaram lugares de discussão política, encontros de filósofos, transgressões e rebeliões. Cheios de pessoas interessantes, viraram, para o poder, "lugares perigosos".

O café do Bruno no Bixiga era exatamente esse tipo de lugar. Todas as vezes em que eu entrava no estabelecimento para tomar um café (o que era quase todos os dias), lá estava o Bruno discutindo apaixonadamente política com alguém. Falava com interesse, argumentava, ouvia atentamente o interlocutor, não importasse quem fosse e as bar-

baridades que proferisse, e respondia, generosamente. Ele discutia com policiais, vizinhos, amigos e clientes, ou mesmo quem chegasse ali apenas para provocá-lo, por conta dos materiais de esquerda que exibia corajosamente. Os assuntos preferidos eram democracia, direitos humanos, cuidado com outras pessoas. Sua postura aberta, como nos antigos cafés, era perigosa, e foram várias os ataques a sua pessoa e ao café. Mas o Bruno resistia.

Quando os piores dias vieram, com o golpe da Dilma em 2016, tomar café no Bruno era um ritual de cura e cuidado. Precisava me curar do ódio destilado na imprensa, pelos vizinhos e pela família; precisava cuidar de quem pensava como eu, cuidar das sementes dos que ficaram na resistência. Ele cuidava de nós e nós cuidávamos dele.

Não foram poucas os fins de tarde, começos de noite, em que fomos, junto com o Adriano Diogo, tomar um último café no Bruno, antes de ele fechar. Eram como irmão, o Adriano e Bruno. Quando o Adriano me ligava e dizia "vem tomar um café", eu já sabia onde e com quem... subia a rua com o coração cheio de alegria e esperança de rever os amigos. Eles estavam também nesse processo, de cura, de ressemear e florescer. Ficamos agora aqui, um pouco perdidos, sem o Bruno de todos os dias e de todos os cafés, mas sabendo que ele nos queria fortes, animados, discutindo política e, principalmente, semeando a resistência.

As pianistas de café: as trabalhadoras invisíveis da bebida que move o mundo

Catadeiras de café

Precisa-se de muitas na rua dos Gusmões n. 66, armazem.

Anúncio procurando catadeiras de café publicado no *Correio Paulistano* de 1905

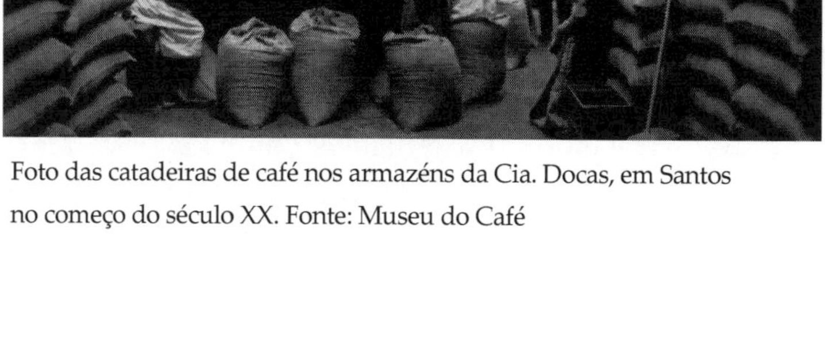

Foto das catadeiras de café nos armazéns da Cia. Docas, em Santos no começo do século XX. Fonte: Museu do Café

As mulheres, fossem escravizadas ou livres pobres, sempre participaram na produção de café no Brasil. Do plantio nas fazendas à colheita dos grãos, as mãos femininas estiveram presentes em fases importantes do processamento de um dos maiores produtos de exportação do país desde meados do século XIX. Até alguns anos atrás, no entanto, esse trabalho feminino era "invisível" e poucos pesquisadores se aventuravam a tratar dele.

Um dos trabalhos mais cansativos e intensos na lida com o café ainda nos dias de hoje é o de selecionar manualmente os grãos, separando e classificando-os para o consumo. No passado, era ainda mais exaustivo. As mulheres sempre foram as encarregadas desse tipo de trabalho, em que era preciso acuidade visual, destreza e paciência para repetir insistentemente os movimentos.

As catadeiras de café, no início do século XX, também eram chamadas de pianistas, tamanha agilidade com os dedos que era necessária para o trabalho. O processo começava quando as sacas, que vinham muito sujas das fazendas, eram peneiradas, para retirar previamente folhas, grãos tortos e outras impurezas. Em seguida, os 60 quilos de café de cada saca eram jogados sobre uma mesinha, onde a mulher fazia a seleção dos graus, na base do um a um. O trabalho podia demorar um dia inteiro numa única saca suja. Esse processo permitia cobrar mais pelos melhores grãos.

Como a maioria dos trabalhos femininos, este também era mal pago, e as trabalhadoras eram superexploradas. O pagamento era feito por saca, que era depois inspecionada pelo encarregado do armazém. Se ele achasse que o trabalho não tinha sido bem feito, a mulher tinha que refazer, nada recebendo pelo retrabalho. Os riscos para a saúde eram grandes e os de acidente de trabalho frequentes: mais de uma vez, os jornais da época narraram episódios de pilhas de sacas de café que caíram sobre uma trabalhadora, soterrando-a e causando lesões graves ou mesmo a morte.

Até meados do século 20, era comum ver crianças e adolescentes trabalhando ao lado de suas mães nos armazéns de separação. Uma das vantagens deste tipo de trabalho, na visão das trabalhadoras, que não tinham acesso a creches ou escolas públicas, era a possibilidade de se levar filhos pequenos para o armazém. Esses cresciam vendo as mães debruçadas sobre as sacas de grãos e aprendiam rapidamente o ofício. Com 8 ou 9 anos, as crianças já realizavam pequenos trabalhos não remunerados e, com 10, começavam a catar café. Não foram poucas mulheres que voltavam a trabalhar logo depois do parto, amamentando os bebês enquanto escolhiam os grãos.

Geralmente o trabalho era feito nos armazéns da Companhia Docas de Santos ou nos casarões com enormes pés direito na região no Valongo na mesma cidade. Mas ele também podia ser feito nas fazendas de café, logo que os grãos eram ensacados. Na época, a zona portuária de Santos era um caos, com vielas enlameadas, armazéns mal construídos; não havia água encanada ou esgoto. Trabalhadores e trabalhadoras moravam em cortiços ou cubículos insalubres, construídos às pressas com madeira e zinco, à mercê das infecções que se alastravam pelo porto. Ratos e pulgas espalhavam a peste bubônica, enquanto a febre amarela ceifava vidas.

Imigrantes de vários lugares do mundo, mas principalmente italianos, chegavam pelo porto de Santos seduzidos pelas promessas enganosas da terra que produzia o "Ouro Negro", o café. Aportavam e arrumavam trabalhos precários ali mesmo, com os estivadores carregando as sacas de juta e as mulheres recebendo trocados para separarem os grãos. Os imigrantes do porto de Santos trouxeram da Europa novas ideias, de igualdade, luta e resistência. Eram anarquistas. Greves, confrontos com a polícia e uma constante tensão fizeram que a cidade ficasse conhecida como a "Barcelona brasileira".

Mais tarde, a partir dos anos 1940, chegaram para trabalhar no Porto os migrantes vindos do Nordeste – fugiam da seca e das péssimas condições de vida. O trabalho que encontravam era esse, repleto de precariedades. Nessa aproximação de imigrantes europeus e migrantes nordestinos forjaram-se lutas e maneiras novas de enfrentar o cotidiano. O café ainda era o combustível que movia a economia da cidade.

Nos armazéns as catadoras-pianistas davam continuidade a uma antiga tradição: muitas vezes entoavam cantos de trabalho para espantar o tédio, distrair as crianças e esquecer um pouco o duro cotidiano. Hoje, conhecemos essas canções como sendo músicas para crianças. Mas muitas contam o dia a dia do trabalho com o café, da roça ao armazém. Quem não conhece a letra de "Nana-neném"? "Nana-neném,/ que a cuca vai pegar,/ papai foi pra roça/ mamãe foi trabalhar".

Açúcar: o doce da sobremesa e o inferno da escravidão

Sobremesa criada por Marie Antoine Carême (1784-1833)

Tela de Hercule Florence "Moenda de açúcar movida por bois", 1840.

Na história da alimentação, uma das ideias mais interessantes é perceber como nada do que comemos ou plantamos é totalmente natural – tudo deriva, em boa medida, das formas sociais e do tempo em que vivemos. Há cerca de 800 anos, o açúcar como mercadoria não existia, nem as sobremesas, nem a confeitaria. A cozinha medieval era completamente diferente do que estamos acostumados hoje, no Ocidente. Como isso mudou?

Até o final da Idade Média, o açúcar circulava em pequenas quantidades, e seu preço era muito alto. O avanço das formas de troca típicas do capitalismo promoveu uma busca por lugares onde as plantações de cana pudessem prosperar. Junto com o comércio da Europa com o Oriente, essa busca foi um dos motores do que os povos europeus chamaram de "As Grandes Descobertas" do século XVI. Da

Sicília às costas brasileiras e depois nas Antilhas, a cana viajou o mundo em naus e caravelas até encontrar as melhores terras, mudando radical e simultaneamente tanto as maneiras de se plantar a cana como as de se comer o açúcar.

O gosto pelo açúcar, e sua consequente expansão pelo mundo, transformou a maneira como se comia, como se preparavam as refeições e como se preservaram alguns alimentos, como as frutas em forma de geleias e conservas. O açúcar, riqueza máxima da época Moderna, ajudou a dar uma nova forma ao mundo.

Os engenhos de açúcar foram as maiores e mais complexas fábricas criadas pelo homem até o século XVIII. Como aprendemos na escola, uma das primeiras iniciativas dos portugueses ao estabelecerem uma rota regular de navios para colonizar o Brasil foi implementar essa novidade tecnológica que permitia extrair em grande quantidade o açúcar da cana, recém-adaptada ao clima das novas terras, no Nordeste e na região de Santos e São Vicente, hoje litoral do Estado de São Paulo.

Esse processo foi registrado em balanços comerciais desde o século XVI. A exportação de açúcar produzido no território brasileiro para a Europa passou de 2.470 toneladas em 1560 para 16.300 em 1600 e 20.400 em 1630. Lisboa e a Antuérpia se tornaram grandes centros de refino e distribuição do açúcar na Europa.

A abundância da antiga especiaria permitiu e foi estimulada por uma transformação na maneira de consumir açúcar. Se antes o açúcar "temperava" as comidas de maneira generalizada na Idade Média – carnes, molhos, tortas, bolos, assados e pães –, ele passa muito rapidamente a se estabelecer num determinado lugar e tempo nas refeições da cozinha europeia: surge a ideia de sobremesa, que hoje nos parece tão natural.

Com a sobremesa, o doce toma o lugar de prato final das refeições. Nasce uma especialidade gastronômica, que se espalhou pelas cortes europeias, a confeitaria. Surge também, como decorrência, uma nova profissão, a de confeiteiro. Essa nova forma de *arte*, que envolve também uma decoração específica, passa a ser registrada em livros especializados, os livros de confeitaria, que ensinam técnicas complexas e precisas, completamente separadas da cozinha de salgados e assados.

Tanta mudança, com o passar do tempo, criou inclusive um tabu: "Não coma doce antes de jantar" é uma ordem que toda criança já ouviu em casa, uma proibição que se enraíza e que acabamos por considerar absolutamente sensata quando somos adultos.

Enquanto as cortes europeias passam a servir sobremesas esculturais, castelos de açúcar coloridos, bolos gigantescos e sorvetes para até 500 pessoas, na América a produção de açúcar era impulsionada pelo trabalho escravo. Para funcionar o engenho precisava de grandes extensões de terras, de enormes investimentos em equipamentos, animais de carga, construções que abriguem a maquinaria e os objetos específicos para o trabalho – e, uma regra continental, trabalho de homens e mulheres escravizados e escravizadas, inicialmente indígenas, depois, em escala muito maior, traficados da África.

Por trás do doce servido como sobremesa nas cortes para deleite da realeza, estava este empreendimento comercial gigantesco, moedor de cana e de gentes, assassino de milhares de vidas, transformadas em mercadorias.

André João Antonil, padre jesuíta que esteve na Bahia no começo do século XVIII e escreveu uma das mais importantes obras sobre a economia no Brasil colonial, *Cultura e opulência no Brasil*, afirmou que "os escravos são as mãos e os pés do senhor de engenho, porque sem eles no Brasil não é possível fazer, conservar ou aumentar fazenda, nem ter engenho corrente."

Caldeiras quentes, sempre fervendo, correntes, chicotes, rodas de moendas, jornadas de até 20 horas sem descanso na época na safra, que ia de agosto a maio. A dinâmica do engenho levou outro padre, Antonio Vieira, a descrever desta forma um deles, no auge do seu funcionamento, num de seus sermões: " Os ruídos das rodas, das cadeias, da gente toda da cor da mesma noite, trabalhando vivamente, e gemendo tudo ao mesmo tempo, sem momento de tréguas, nem de descanso [...] não poderá duvidar, ainda que tenha visto Etnas e Vesúvios [vulcões localizados na Itália], que é uma semelhança do Inferno."

Uma parte da história do açúcar pode ser visitada no Engenho São Jorge dos Erasmus, em Santos (http://www.engenho.prceu.usp.br/). Pertencente à Universidade de São Paulo (USP), o engenho oferece visitas monitoradas que recuperam a história de Martim Afonso de Souza, um dos primeiros colonizadores portugueses a construir um engenho nas costas do país. O engenho é a mais antiga evidência física da presença portuguesa no Brasil.

(Este texto é uma homenagem a minha orientadora de mestrado e doutorado, professora titular da USP e uma das maiores especialistas na história do açúcar do país, Vera Lucia Amaral Ferlini, autora de Açúcar e civilização. Foram décadas de trocas de documentos, análises e receitas, numa amizade muito especial. Também gostaria de agradecer ao Bernardo Kucinski, que sugeriu o tema deste texto num almoço no Bixiga).

O campo, os cantos de trabalho e a resistência

Outro dia vi um vídeo de uma apresentação na varanda na Itália. A moça tocava acordeão e cantava *Bandiera Rossa,* canção tradicional do repertório de músicas de esquerda do mundo: *Avanti o popolo, alla riscossa,/ Bandiera rossa, Bandiera rossa. / Avanti o popolo, alla riscossa, / Bandiera rossa trionferà.*

A letra foi composta por Carlo Tuzzi em 1908 e marca a luta dos operários italianos pelo comunismo e pelo socialismo. Como muitas outras canções de protesto, *Bandiera Rossa* foi escrita em cima de uma melodia tradicional dos camponeses da Lombardia. Outra canção tradicional italiana, *Bella Ciao,* foi escrita da mesma maneira, usando uma tradicional canção das colhedoras de arroz.

No Brasil temos muitos exemplos de cantigas de trabalho, entoadas por camponeses ou operários em serviços. Dentro da história da alimentação, poucos são os estudos sobre a relação do trabalho com alimentos. A ênfase dos estudos costuma ser na gastronomia, na história das receitas e na origem dos ingredientes. Mas trabalho e comida são indissociáveis. A questão da distribuição da terra e do fim dos grandes latifúndios é essencial também para os estudos de gastronomia, além de essa já ser uma área de estudos e debates na sociologia, na ecologia, na biologia e ou na política. Alimentos produzidos por pequenas propriedades, orgânicos, que sustentem famílias camponesas com dignidade, são fundamentais para se pensar a comida e suas relações com a sociedade.

Mas este é um texto sobre a relação entre a produção de alimentos e as canções de trabalho camponesas, é uma espécie de aperitivo, uma isca para quem quiser se aprofundar num tema tão vasto e interessante. As canções de trabalho nascem da lida nas lavouras, e na maioria das vezes são criadas por mulheres camponesas. Assim, existem cantigas entoadas por escravas que colhiam algodão no sul dos Estados Unidos, por índias tupinambás no Nordeste, por catadoras de café no porto de Santos.

Os cantos de trabalho têm diferentes funções, dependendo da sociedade em que são criados. Eles podem ir da comemoração de feitos e eventos da natureza (boas colheitas, a chegada do verão), o estabelecimento de pontos geográficos e temporais (os animais, os rios, a floresta), a narrativa histórica de eventos marcantes, a luta pela vida e a dureza do cotidiano. No Brasil, essas canções se misturaram, receberam diferentes influências – antigas canções indígenas receberam letras em português, cantos africanos também, novas letras e músicas foram sendo criadas conforme o tempo e a necessidade.

O escritor paulistano Mario de Andrade recolheu e escreveu sobre os cantos de trabalho em suas muitas pesquisas sobre o folclore. Para Mario, em 1929, existiam poucas cantigas coletivas no país. Mas, ao longo da vida, ele recolheu muitas canções tradicionais e populares, mostrando que essa era uma vasta área no Brasil. Encantou-se, curioso, em procurar uma conhecida canção do carregadores de pianos, muito comum no século XIX, bastante ritmada, e fez o seguinte comentário, publicado na revista *Imburana*: "Até faz pouco, na Bahia, no Recife, no Rio, contam que os carregadores de piano cantavam juntos uma melopeia ritual quando transportavam o instrumento pela rua. Diziam que era pra não desafinar...".

Entre os cantos que recolheu para suas pesquisas estavam as cantigas referentes à abertura dos trabalhos de moagem da cana de açúcar nos engenhos do Nordeste. Uma delas dizia assim (mantive aqui a grafia adotada pelo escritor para registrar a letra dessas canções):

Depois da cana caiana
Muinto dotô so formô,
Vou aprantâ a caiana
Prá me formá em dotô.

Outra canção falava de amor enquanto os trabalhadores pegavam pesado na moagem:

Essa noite tive um sonho,
Sonho de munta alegria:

Que me casavam à força
Com quem eu muito queria,
Oh-lê-ôh-dá!...

Mas muitas das canções de trabalho tem uma história também nos dias de hoje, uma permanência – elas se transformaram em cantigas de crianças. As trabalhadoras, tendo de levar os filhos para campo ou para o armazém ou mesmo para moagem de cana de açúcar ou para secagem dos grãos de café, cantavam e distraíam as crianças, que aprendiam as melodias. Os ritmos marcavam o trabalho. Muitas músicas eram assustadoras, falando de cotidiano recheado de monstros conhecidos ("Boi boi boi/ boi da cara preta/ pega essa criança/ que tem medo de careta"), de ausências ("Dorme nenê/ que a cuca vem pegar/ mamãe foi pra roça/ papai foi trabalhar"), do próprio trabalho ("Olê mulher rendeira/ Olê mulher rendá/ Tu me ensina a fazer renda/ que eu te ensino a namorar").

Escrever sobre os cantos do trabalho relacionados à alimentação é uma maneira de valorizar esse trabalho, de recuperar a importância de uma cultura tão rica. O cantar serve como uma maneira de amenizar um trabalho pesado. Muitas músicas e formas de cantar nascidas nas plantações foram incorporados pela indústria fonográfica, como foi o caso blues americano, que dos campos de algodão ganhou o mundo e tornou-se uma marca da cultura negra.

Cantar no trabalho, no campo ou na cidade, é uma forma de sobreviver, resistir e criar.

Ilustração dos animais do zoológico de Paris abatidos e vendidos

Comida, guerra e os cercos a Paris

A comida tem sido usada como arma de guerra desde os tempos imemoriais ou desde os começos das guerras. Cercos a cidades em disputa eram uma forma eficaz de subjugar povos e ganhar batalhas. Ao mesmo tempo em que a guerra agrava a fome de populações civis, a própria fome é usada como arma de guerra. Os saques a alimentos também sempre foram vistos como espólios de guerra, destinados aos vencedores, enquanto os derrotados sofreriam com fome e sede.

Os famosos cercos de Paris pelos Vikings em 845 e 881, sob os reinados de Carlos, o calvo, e Carlos, o gordo, mostraram a fragilidade da cidade e a sanha por riquezas dos nórdicos, que acabaram ganhando altos valores em ouro e prata para liberarem a cidade. A população, claro, passou fome e muitos morreram de frio, desnutrição e espada do inimigo durantes os cercos.

Muitos séculos mais tarde (e muitas invasões e cercos depois), Paris estava novamente cercada e prestes a ser derrotada, desta vez pelos prussianos. Entre 19 de setembro de 1870 e 28 de janeiro de 1871, a cidade viu-se sitiada e a população passou por situações alimentares extremas – era o final da Terceira República, com captura de Napoleão III e o colapso de toda uma era.

Paris ficou sitiada por quatro meses e o governo francês, encabeçado pelo Ministério da Agricultura, não conseguiu organizar um sistema de alimentação para os parisienses. Quem podia, fugiu da cidade pouco antes do fechamento total. Bois, vacas, carneiros e cabritos, porcos e galinhas foram confiscados e conduzidos a um parque da cidade para que o governo organizasse a distribuição de alimentos – e de energia, com madeiras e carvão também racionados. A comida durou um mês. No dia 19 de outubro o governo autorizou a matança de cavalos, para serem usados como alimento, o que também durou um mês.

A crise alimentar se agravou. Pouco tempo depois foi a vez dos animais domésticos e os ratos entrarem na panela dos parisienses quase mortos de fome. Famintos, os cidadãos franceses voltaram seus olhos ao zoológico da cidade, às vésperas do Natal. Num dezembro gelado, os animais do zoológico foram abatidos e vendidos como comida. O chique e caríssimo restaurante Castor et Pollux comprou a carne de dois elefantes e os serviu de maneira refinada, anunciando o feito pela cidade. Foi nesse momento que cangurus, antílopes e pavões foram sacrificados. Sobraram, famintos também, os tigres, leões e hipopótamos.

Em janeiro de 1871, a cidade estava de joelhos diante dos inimigos. Os prussianos bombardearam Paris, matando mais 400 pessoas e conquistando a cidade. A paz foi assinada em 10 de maio daquele ano, com o Tratado de Frankfurt, que impôs pesadas condições aos franceses. Décadas depois essas condições foram recolocadas pela Primeira Guerra Mundial, com mais fome, destruição e mortes. Nos dias hoje, mesmo com armas de guerra hipertecnológicas e precisas, a velha tática de matar de fome os inimigos continua mais atual do nunca.

O feijão de Benedita

Lata d'água na cabeça, lamparina clareava,
Para cozinhar feijão, era lenha que eu pegava...
(Samba do Mutirão)

Antes de ser senadora, governadora, Constituinte, Benedita da Silva foi filha do feijão. Literalmente. A cidade mineira de onde veio sua família chamava-se, até o século XIX, Feijão Cru — nome depois substituído por Leopoldina, em homenagem à segunda filha de Dom Pedro II. A mudança visava imprimir civilidade e nobreza ao lugar, ocultando o que havia de mais cru e real na toponímia original: o alimento ainda duro, ainda não cozido, ainda por tornar-se sustento.

Essa transição entre o cru e o cozido, entre o campo e a cidade, entre a lenha e o parlamento, talvez seja a imagem mais precisa da trajetória de Benedita. Ela e sua família não apenas vieram do Feijão Cru: ela cozinhou esse feijão até torná-lo projeto político. Tornou-se mulher pública sem jamais deixar de ser mulher da cozinha.

Crescida no morro do Chapéu Mangueira, no Rio de Janeiro, Benedita aprendeu que o mundo não começa no gabinete — começa no fogão. A casa tinha chão de terra e teto frágil, mas a panela era centro. Sua mãe fazia mágica com o pouco: um feijão ralo, um arroz de ontem, um caldo com cascas, uma sobra requentada com dignidade. O problema da fome não era só a falta do que comer, mas a humilhação de depender do outro. Por isso, dividir era regra: quem tinha uma concha a mais, oferecia. Quem não tinha nada, recebia.

A cozinha era lugar de encontro e cuidado — mas também de raiva. A raiva que nasce quando se percebe que a fome não é destino, mas escolha política. Quando se entende que o Estado ignora o morro porque pode. E que a favela resiste com lenha, colher de pau e afeto.

> *Conta Vovó, que a vida verdadeira*
> *É aquela em que o povo se faz feliz...*

Na tese de Rayane Cristina de Andrade Gomes (UnB, 2023), *Benedita da Silva: caminhos de uma mulher negra e favelada na luta por Direitos Humanos no Brasil*, que analisa a trajetória de Benedita como mulher negra e favelada na luta por direitos humanos, esse vínculo entre fome, afeto e política é central. A experiência da pobreza não foi apagada na ascensão política de Benedita — ao contrário, ela se tornou o eixo ético da sua atuação. O cheiro do feijão na panela, em sua narrativa, volta como símbolo de cuidado, mas também de justiça. O alimento como direito. A marmita como prova de que a democracia precisa caber no bolso e na quentinha.

Rayane Gomes observa que, ao levar a experiência da favela para os espaços de poder, Benedita não busca ornamento — ela reivindica pertencimento. Fala da comida com o mesmo peso com que fala de leis. Cita a cozinha da mãe como quem cita a Constituição. Porque para ela, não há contradição: cozinhar é legislar em fogo baixo.

> *E muito o nosso povo trabalhou*
> *Para o morro ter progresso, o mutirão se organizou...*

Como o *Samba do Mutirão*, que narra o esforço coletivo da favela para construir suas casas com tijolo, barro e esperança, Benedita construiu uma política com base no esforço de muitas mãos femininas. Aquelas que acordam às cinco da manhã para botar água no feijão antes de sair; que cozinham para os filhos, os netos, os vizinhos; que sabem que a vida pode ser dura, mas que comida quente consola, mesmo que não resolva.

O feijão, em sua história, é alimento e metáfora. É o Brasil de dos que tem pouco o que comer, que dependem do arroz/feijão, metaforicamente nutritivo, invisível, indispensável. O feijão é a política do cuidado. O projeto de mundo em que ninguém precise dizer "hoje não comi nada".

De repente o povo descobriu a esperança que havia...

Benedita da Silva continua sendo, até hoje, uma das figuras que mais explicitamente colocou a fome como centro de um projeto de país. Sua política começa na cozinha e vai até o Congresso. Passa pela lenha, pela panela, pelo cheiro — e termina no direito. O direito à comida, ao abrigo, à palavra.

E talvez por isso, o feijão que um dia foi cru se transformou em símbolo. Não pela princesa que o rebatizou. Mas pela mulher que o cozinhou, o serviu e o levou, fumegando, para dentro do Estado.

Em 1987, Benedita foi eleita deputada federal e participou da Assembleia Nacional Constituinte. Era a única mulher negra entre os 559 parlamentares encarregados de escrever a nova Constituição do Brasil. Sua presença ali era uma ruptura histórica — não apenas pelo que dizia, mas por quem era. Sua voz não vinha das cátedras, nem dos salões partidários: vinha da favela, do tanque de roupa, da marmita.

Na Constituinte, Benedita defendeu com tenacidade os direitos das mulheres, dos trabalhadores, das populações negras e periféricas. Apresentou propostas sobre licença-maternidade, igualdade racial, educação, moradia e saúde. Mas acima de tudo, colocou a fome no centro do debate constitucional.

A Constituinte foi o espaço em que Benedita inscreveu, com sua trajetória e sua palavra, o cotidiano das mulheres negras como parte legítima do Brasil constitucional. Naquele plenário majoritariamente branco, masculino e letrado, a mulher do Chapéu Mangueira ergueu o microfone como quem ergue uma concha de feijão — e disse que aquilo era também política. Sua atuação foi marcada por firmeza e por afeto. Por convicção e escuta. Como se estivesse, ali, cozinhando uma nova Constituição, em fogo baixo, para alimentar o país com dignidade.

Em 2002, Benedita da Silva se tornou governadora do estado do Rio de Janeiro. Não foi eleita diretamente — assumiu o cargo após a renúncia de Anthony Garotinho, de quem era vice. Mas o gesto histórico estava dado: uma mulher negra, evangélica, ex-doméstica e favelada chegou ao Palácio Guanabara, sede da elite política fluminense, com a firmeza de quem jamais esqueceu o gosto do feijão dividido no morro.

Seu governo foi breve — apenas oito meses — mas simbólico. Era a primeira vez que alguém levava o cheiro da lenha para dentro dos salões dourados do poder estadual. Benedita, como governadora, não falava em nome de uma ideia abstrata de povo — ela falava de si, de sua mãe, de suas vizinhas. Trouxe para o centro da política temas como habitação, saúde básica, segurança alimentar e economia popular. O que ela dizia não era retórica: era memória.

Seus críticos — e eram muitos — tentaram reduzir sua presença a folclore, assistencialismo, improviso. Mas o que ela fazia era afirmar que a política pública precisa começar pela barriga. Que não há democracia onde há fome. Que não basta falar em cidadania sem perguntar o que há no prato.

A cozinha de sua mãe virou gabinete. O fogão de lenha virou pauta. O feijão, símbolo do Brasil que cozinha em silêncio, virou metáfora de governo. E como ela mesma declarou, ao assumir: *"eu sou o rosto da favela. E esse rosto vai governar com dignidade."*

O pão e o papel de Carolina Maria de Jesus

"Hoje não comi nada. Só bebi água da torneira. Água não alimenta. Água não enche a barriga."
Maria Carolina de Jesus, Quarto de despejo

Carolina Maria de Jesus escreveu com as frestas da fome — cada palavra tem o sabor seco do pão amanhecido, a aspereza do vazio interior. Quarto de despejo (1960) não é mero diário: é um relato ritual de fome, racismo, invisibilidade. Não há complacência nas linhas de Carolina. Há apenas urgência e afeto.

> "Hoje eu fui no açougue comprar um osso para fazer sopa. O açougueiro me olhou com raiva."

Quando Carolina registra que o açougueiro recusou o osso para preparar sopa para seus filhos, ela não descreve apenas pobreza — descreve exclusão. Ver, sentir o cheiro da comida e não poder comer é uma violência simbólica. Carolina transformou esse limite em literatura.

Conceição Evaristo, escritora como Carolina, afirma: "A gente lia Carolina sendo também Carolina" — lembrando que as leituras da autora ressoavam nas favelas de todo o Brasil, por mulheres que viam nela sua própria vida.

Além disso, Evaristo observa que Quarto de despejo ainda hoje é lido como registro documental, ignorando a potência da escrita subjetiva de uma mulher negra. Com isso, concebe-se Carolina não como testemunha das mazelas da favela, mas como agente literária que reconfigura esses limites como potência narrativa.

Resistência pela escrita

Como indica Heloisa Buarque de Hollanda, afirma que o resgate dos escritos de Carolina é parte de uma urgência: "É um trabalho apaixonado de restauro. Trata-se do resgate cuidadoso dos vários sentidos e tonalidades de um narrar-se mulher, mulher negra, mulher favelada."

Essa afirmação permite situar Carolina como escrevivente, termo cunhado por Conceição Evaristo para referir-se à escrita produzida no corpo da experiência negra — uma escrita vital e comunitária.

A escrita de Carolina foi, ela mesma, um prato: servida ao mundo, lida com espanto, mas raramente digerida com a profundidade que merecia. Tornou-se fenômeno, foi recebida no exterior, elogiada por escritores. Mas morreu pobre, como viveu. Sua fome não virou renda. Seu pão virou palavra — mas nem sempre a palavra virou comida.

E ainda assim, ela escreveu. E nos deixou a pergunta que ainda ecoa:

"Por que o mundo é assim? Uns têm tanto. Outros não têm nem o que comer."

Referências

BUARQUE DE HOLLANDA, Heloisa (org.). Pensamento feminista hoje: perspectivas decoloniais. Rio de Janeiro: Bazar do Tempo, 2020.

DE JESUS, Carolina Maria. Quarto de despejo: diário de uma favelada. São Paulo: Ática, 1960.

EVARISTO, Conceição. Escrevivência: a escrita de nós. São Paulo: Companhia das Letras, 2023.

BORGES, Stephanie. "Reorganizando o Quarto de despejo". Quatro Cinco Um, São Paulo, n. 54, set. 2021. Disponível em: https://quatrocincoum.com.br/artigos/literatura/literatura-brasileira/reorganizando-o-quarto-de-despejo/. Acesso em: 3 jul. 2025.

TERRA. "Conceição Evaristo: 'Carolina Maria de Jesus ainda tinha muito a dizer'". Terra, 14 mar. 2021. Disponível em: https://www.terra.com.br/diversao/conceicao-evaristo-carolina-maria-de-jesus-ainda-tinha-muito-a-dizer. Acesso em: 3 jul. 2025.

O corpo, a terra e o prato de Tainá Marajoara

Foi no fim de 2018, começo de 2019, que conheci — com todos os sentidos — o restaurante de Tainá Marajoara. Não foi apenas uma refeição. Foi uma travessia, feita num momento muito difícil em que entrávamos num governo autoritário de Bolsonaro.

Na entrada, o aroma da maniva e do tucupi subia como incenso vegetal. Havia algo cerimonial naquela cozinha — não porque imitasse o sagrado, mas porque o sagrado estava ali, na matéria do alimento, na fala das cozinheiras, na decoração feita de raízes, cuias, chitas, sementes e lembranças.

Mas o que mais me marcou, o que ainda hoje me faz salivar e pensar, foram as farinhas. A frainha de trigo não existia e era um outro mundo. Farinhas em bacias, potes, cuiazinhas. Farinhas brancas, amarelas, granuladas, finíssimas como talco. Farinha d'água, farinha ovinha, farinha de araruta. Uma enciclopédia de saberes e texturas. Eu experimentei cada uma em diferentes preprações como se estivesse lendo um livro oral — aquelas farinhas contavam histórias.

Tainá estava presente naquele dia e explicava de onde vinham: "essa é de Bragança, essa é do Marajó, essa é feita com jiquitaia." Aquela era uma casa onde a farinha não era acompanhamento — era enredo. Era chão triturado, corpo cultivado, história viva.

Tainá Marajoara cozinha para reacender uma memória de pertencimento. Seu ativismo — radical, afetivo, amazônida — parte da roça, da beira do rio, da rede de benzedeiras e feirantes. Seu livro *Comida ancestral*: o futuro é originário (2021) é mais do que um manifesto: é um caderno de receitas e revoltas, um tratado sensível sobre agroecologia e autonomia.

"A soberania alimentar é o direito de comer o que a nossa avó plantava. É o direito de dizer: isso é meu, isso é nosso, isso vem da floresta."

Ela desafia o modelo da monocultura, da produção em larga escala que envenena corpos e expulsa comunidades. E propõe outro paradigma: cozinhar como se cultiva. Cultivar como se reza. Rezar como se dança. Dançar como se come. Tudo em rede, tudo em mutirão, tudo em encarnação.

O corpo de Tainá é corpo político. Mulher, indígena, do Norte, com cabelos longos como rio e fala firme como caule, ela desafia com suavidade. Participa de eventos culturais, articula projetos de soberania alimentar em escolas, aldeias, quilombos.

Sua aliança com o Movimento dos Trabalhadores Rurais Sem Terra (MST) fortalece redes agroecológicas e políticas de base. Com o MST, ela compartilha a defesa da agricultura camponesa, a formação popular em soberania alimentar e a valorização dos saberes comunitários.

Sua visão de mundo é ecofeminista e socialista, mas sem jargão. Fala com a voz de quem ouviu a floresta antes de ser ouvida. Ler Tainá Marajoara é, também, aprender a duvidar da palavra "ingrediente". Porque nada em sua comida é secundário. Tudo tem nome, função, história, força. Tudo participa de um sistema de encantamento.

Ela escreve: "A comida é um lugar de permanência. Um modo de não morrer."

Com Tainá, aprendemos que comer é uma maneira de continuar vivo — não só no sentido biológico, mas cultural. Comer farinha, no seu vocabulário, é continuar pertencendo a um território que te quer de volta. Não importa se você está na cidade grande ou no centro do poder: a farinha te puxa, te lembra, te ampara.

O que Tainá oferece — no prato e na palavra — não é nostalgia. É anúncio. Seu Brasil é de futuro. Mas um futuro que respeita o solo, os bichos, os ciclos e os corpos. Um futuro que sabe que antes de virar nação, éramos roça, mata, canoa, rede, farinha. Naquele momento pensar esse future foi fundamental para manter a esperança em dias melhores.

E talvez seja isso o que mais ficou da visita àquele restaurante: saí de lá sentindo que comi o Brasil certo. O Brasil que a história tenta apagar, mas que reaparece — cheiroso, crocante, encorpado — em cada colher de farinha.

Referências

MARAJOARA, Tainá. *Comida ancestral: o futuro é originário*. São Paulo: Bazar do Tempo, 2021.

MARAJOARA, Tainá. "A comida é uma ferramenta de luta". Entrevista a *El País Brasil,* 10 out. 2021. Disponível em: https://brasil.elpais.com/opiniao/2021-10-10/a-comida-e-uma-ferramenta-de-luta.html. Acesso em: 3 jul. 2025.

MARAJOARA, Tainá. "Sobre o direito à comida e o futuro da floresta". Entrevista a *CartaCapital,* 12 jul. 2022. Disponível em: https://www.cartacapital.com.br/sociedade/taina-marajoara-sobre-o-direito-a-comida-e-o-futuro-da-floresta/. Acesso em: 3 jul. 2025.

MOVIMENTO DOS TRABALHADORES RURAIS SEM TERRA (MST). "Campanha pela soberania alimentar". MST, 2023. Disponível em: https://mst.org.br. Acesso em: 3 jul. 2025.

PINHEIRO, Caio. "Cozinhar para resistir: os saberes tradicionais no ativismo de Tainá Marajoara". *Revista Cult,* São Paulo, n. 277, jan. 2022.

SILVA, Valéria. "Farinha, floresta e feminismo: a cozinha ancestral de Tainá Marajoara". *Le Monde Diplomatique Brasil,* 18 nov. 2021. Disponível em: https://diplomatique.org.br/taina-marajoara-farinha-floresta-e-feminismo/. Acesso em: 3 jul. 2025.

Comida é poder: uma leitura de Estômago

"No mundo existem dois tipos de pessoas: as que comem e as que são comidas."

— Nonato, em *Estômago* (2007)

O que se come? Quem come? Quem é comido? No filme *Estômago*, de Marcos Jorge (2007), não é só o feijão que ferve. A cozinha é palco de ascensão social, campo de batalha e também laboratório simbólico. Raimundo Nonato, o protagonista, chega à cidade com o que parece ser seu único capital: o estômago — e o saber de alimentá-lo.

A primeira vez que Íria morde a coxinha feita por Nonato é também o momento em que o filme nos apresenta seu verdadeiro talento: ele sabe cozinhar. A coxinha, comida popular e afeita ao improviso, ganha forma cuidadosa, crosta dourada, recheio temperado. Íria come com prazer, olhos fechados, quase em êxtase. Não é apenas fome — é sedução. Logo, os clientes da lanchonete também percebem: o salgado vira sucesso. A comida de Nonato começa a conquistar corpos e espaços. Ele, que até então era mais um anônimo na cidade grande, encontra na cozinha a chave da ascensão. A coxinha marca o início da cadeia de dominação: primeiro a lanchonete, depois o restaurante italiano, por fim a prisão. Em todos esses espaços, *quem cozinha domina.* O alimento é o meio — o poder, o fim. Cozinhar, em *Estômago,* não é apenas ofício: é estratégia, é linguagem, é conquista.

Mas em *Estômago,* comida não é nutrição: é estrutura. É distinção. Pierre Bourdieu já afirmava, em *A Distinção,* que o gosto alimenta relações de poder. Saber comer — e fazer comer — é saber ocupar o espaço social. Nonato, sem letramento, sem currículo, descobre isso pela boca. Ao cozinhar, ele organiza posições. Quem alimenta, controla.

O filme monta uma cadeia alimentar literal: o cozinheiro torna-se o centro da ordem. A hierarquia da prisão, assim como a do restaurante, é reorganizada pela panela. Como mostra Massimo Montanari, comida não é apenas uma necessidade fisiológica, mas um sistema de signos: ela comunica, diferencia, simboliza. Em *Estômago*, o alimento não une — estratifica.

Mary Douglas, por sua vez, lembra que o que é considerado comida é também o que é considerado puro, permitido, digno. Nonato transforma moela, fígado e frango em iguarias, mas ao mesmo tempo, instrumentaliza esses pratos. O que ele serve não é só comida — é poder. É o direito de definir quem pode e quem não pode saborear, viver, dominar.

Íria, a prostituta com quem Nonato se envolve, é sua primeira "comensal íntima". O sexo entre os dois é precedido e mediado pela comida: ele cozinha, ela se oferece. O corpo dela se torna extensão do prato, e o dele, do gesto que serve. A cena, embora envolta em sedução e delicadeza, explicita uma economia desigual de afetos. Nonato troca comida por presença, por contato, por reconhecimento. Íria aceita — mas não ama. Ela come como quem consome um serviço. Ele cozinha como quem reza. É um jogo de ilusão mútua. O nome Íria pode ser uma alusão à voz passiva — "iria", "foi" — porque ela é sempre referida pelo desejo alheio, nunca pelo próprio. A comida, nesse encontro, não une: apenas sustenta um desequilíbrio

A trajetória de Nonato é brutal porque espelha o Brasil: o país em que o cozinheiro ascende pelo controle dos corpos alheios. Ao cozinhar para a prostituta Íria, troca alimento por afeto. Ao cozinhar na prisão, troca alimento por poder. Em ambas as situações, a comida é moeda. E também faca.

Se a fome ensina, como disse Carolina Maria de Jesus, a saciedade corrompe. O estômago, aqui, não é só órgão — é campo de guerra. E o cozinheiro é, paradoxalmente, tanto servo quanto soberano. Em um país onde a fome é estrutural, a cozinha é também palco de luta de classes, disputada com colher e sangue.

No momento em que Nonato é convidado para cozinhar no restaurante refinado de Giovanni, ele entra em contato com o filé mignon. A carne nobre, cara, rosada, cortada com precisão — tudo ali é oposto à coxinha do botequim. No mercado central, onde ele compra os ingredientes, os cortes têm nome, preço, prestígio. O filé mignon marca o ponto de virada: é quando Nonato deixa de ser um cozinheiro popular e começa a ser um aspirante à alta gastronomia. Mas é também quando ele entra em um jogo mais perigoso — o da distinção. A carne, que antes era recurso bruto, vira insígnia social. Ao preparar filé com molho reduzido e queijo gratinado, Nonato sobe de classe na mesa — mas permanece vulnerável fora dela. A ilusão do filé é que ele nos faz esquecer que a faca ainda está sobre a mesa.

O sistema prisional em Estômago não é cenário de fundo — é alegoria concentrada da sociedade. Nele, as hierarquias são visíveis, brutais, e o valor de um indivíduo é medido por sua utilidade. Nonato entra como um qualquer, mais um corpo entre tantos corpos confinados. Mas, ao demonstrar suas habilidades culinárias, ascende rapidamente na cadeia de comando: o cozinheiro torna-se essencial. Sua utilidade o salva — mas também o insere num novo tipo de opressão.

Nesse microcosmo de poder e violência, a comida é tudo: moeda de troca, marcador de status, ferramenta de negociação. Cozinhar, na prisão, é deter o acesso ao prazer num ambiente de dor. É oferecer o luxo do sabor onde reina o insosso da punição. Nonato, ao cozinhar, não apenas se protege — ele governa. O prato quente se transforma em sutil mecanismo de dominação.

A cena do banquete final é o ápice dessa lógica. O filme corta para o jantar preparado por Nonato para o líder da cela. Há vinho, lasanha, queijo gratinado — pratos pensados para seduzir o paladar e adormecer a vigilância. É uma *mise-en-scène* refinada em meio ao concreto cru. O chefe se deleita. Os colegas comem em silêncio respeitoso. O poder, naquele momento, é total: está no prato e na mão de quem o serviu.

O ato seguinte é a morte. O líder da cela, envenenado ou apenas traído pela gula, cai. Nonato toma o seu lugar. A sequência não tem diálogo. Tudo é dito com comida, com olhar, com o ruído dos talheres. A comida mata — e consagra. É o instante em que o cozinheiro ultrapassa a linha entre a servidão e o mando, entre o ofício e a estratégia.

Esse banquete é a síntese do filme: o momento em que a comida deixa de ser afeto e passa a ser arma. Não se trata mais de alimentar, mas de conquistar. É a vitória amarga de quem aprendeu, no estômago, a lógica do mundo: para não ser devorado, é preciso saber devorar — com garfo e faca.

No fim do filme, Nonato reina. Mas reina sobre celas, grades, corpos famintos. É um chef sem diploma, sem restaurante — mas com domínio. Sua vitória é irônica: é a vitória de um sistema que transforma o cozinheiro em carcereiro, e o alimento em sentença.

Comer, afinal, é um ato social — e político. Em *Estômago,* cada prato é uma estratégia. E cada mordida, uma metáfora do Brasil: um país em que a comida continua dividindo mais do que unindo.

Referências

BOURDIEU, Pierre. *A distinção: crítica social do julgamento*. São Paulo: Edusp, 2007.

DOUGLAS, Mary. *Pureza e perigo: um estudo sobre os conceitos de poluição e tabu*. São Paulo: Editora Vozes, 1991.

MONTANARI, Massimo. *Comida como cultura*. São Paulo: Editora Senac, 2008.

FILME: *Estômago*. Direção de Marcos Jorge. Brasil, 2007.

Parte II – Cultura, Memória e Sociabilidade

Mariana de Alcoforado e a erótica linguagem dos doces portugueses

Mariana de Alcoforado viveu em Beja, cidade portuguesa no Alentejo, entre os anos de 1640 e 1723. Foi uma freira. Confinada ao convento aos 11 anos, sem vocação, a menina cumpria uma promessa materna e uma sina das meninas da família, que era uma das mais importantes do lugar. Aos 20 anos conheceu um militar e nobre francês, o Marquês Noel Bouton de Chamilly, conde de Saint-Léger. Chamilly lutava em solo português na Guerra da Restauração, quando Portugal tentava acabar com o domínio espanhol e reestabelecer sua independência.

Os conventos eram permeáveis a encontros amorosos naquela época e as cartas de Mariana a Chamilly são um dos mais românticos e eróticos escritos do século XVII. O escândalo abalou a sociedade de Beja na época e o nobre francês fugiu e voltou para a França. O que sobrou do romance são os escritos, que fizeram um enorme sucesso. Existe uma polêmica envolvendo a autoria do trabalho, mas isso não é o mais importante para esse texto.

O século XVII português ficou conhecido na gastronomia pelo estabelecimento de doces conventuais. Com a expansão dos conventos e a chegada massiva do açúcar da colônia do Brasil em Portugal, a doçaria se expandiu enormemente. Farinha, ovos, amêndoas, laranjas e limões eram os ingredientes locais que, aliados ao açúcar colonial, deram origem a uma das melhores e mais criativas doçarias do mundo. Uma doçaria muito doce, pois não podemos nos esquecer que, na época, o açúcar valia ouro e representava poder.

As freiras enclausuradas em diferentes conventos pelo país vinham de ricas famílias da nobreza. Seu enclausuramento representava poder, riqueza e segurança. Assim, muitos conventos eram ricos e uma das maneiras de exibir nobreza e riqueza era por meio de doces. Cada convento se esmerava em fazer um doce melhor que o outro, especializando-se em determinados tipos que eram encomendados no reino todo.

Mas a vida nos conventos era complexa e envolvia uma trama enorme de mistérios e repressão. Muitos eram permissivamente tolerantes com visitas masculinas para namoros secretos entre as freiras mais jovens. Uma linguagem romântica e erótica nasceu desses encontros furtivos. Oferecer determinados tipos de doces tinham significados, como os lenços dos namorados, os abanos de leques nos leques ou as flores trocadas entre amantes.

Dizem que a superprodução de ovos no período ajudou na confecção dos doces conventuais. As freiras usavam as claras para engomar os véus, e as gemas que sobravam viravam doces. Mas na linguagem de amor e erotismo que se seguiu a esse fato, os doces desempenhavam um papel essencial.

Assim, os doces dos conventos passaram a ter nomes sugestivos: suspiros, assoprozinhos, beijinhos, travesseiros, barriga de freira, espera marido, pastelinhos de boca de dama, torta de línguas, línguas de damas, beijos de freiras, gargantas de freiras, freirinhas. E muitos que ainda precisam de tradução como as pombinhas de alcorce do Convento da Conceição, de Elvas. Alcorce, no linguajar da época, queria dizer lupanar, bordel. Ou mesmo os derriços, doce típico de Penacova, que quer dizer pessoas que namoram. Ainda existiam os charutos de amêndoas ou as fofas do Faial ou mesmo os pitos de Santa Luzia, onde pito na gíria popular rural quer dizer vagina. Vou continuar só um pouco porque além de instrutivo é divertido. Existiram as bolas do Paraíso, o doce serafim, as fatias do Conde, as orelhas-de-abade, os fofinhos do convento. Teve um que ficou especialmente conhecido por seu caráter explícito: o pirilau do frade Ambrósio, com origem no antigo Convento do Loreto, em Vila Nova da Barquinha. Tudo é muito direto e delicioso.

Acho mesmo que Freud se espantaria com Portugal do século XVII e XVIII.

Mas as esbórnias nos conventos não caíram bem aos olhos da população – a madre superiora do Convento de Olvidelas, Madre Paula Teresa da Silva (1704-1768), teve um caso com o rei d. João V, com quem teve um filho, José. A falta de vocação das religiosas, aliada à licenciosidade dos doces, fez com que o arcebispo d. Gaspar de Bragança, filho invejoso de d. João V, conseguisse que se proibissem a confecção dos doces. Ninguém respeitou a decisão. Contudo, no século XIX, a má fama dos conventos portugueses, e sua enorme influência econômica e política, fez com que a monarquia proibisse as ordens religiosas. Os doces saíram da clausura e ganharam as ruas e as pastelarias. Estudiosos portugueses costumam dizer que a cozinha nunca esteve muito longe da cama em Portugal.

Sobre rainhas, brioches e guilhotinas

Maria Antonieta, rainha da França durante a Revolução Francesa, tinha fama de frívola e maquiavélica. Quadro anônimo de 1775. Atualmente, o quadro está no Museu Antoine Lécuyer, Saint-Quentin, França.

Brioches pintados por Jean-Siméon Chardin

Depois de alguma procrastinação, resolvi escrever, a pedidos, sobre a famosa frase atribuída à rainha Maria Antonieta às vésperas da Revolução Francesa: "Se não têm pão, que comam brioches". Muitas foram as razões do meu adiamento em escrever uma coluna sobre aquele episódio, mas os últimos acontecimentos que estamos vivendo me fez querer voltar a outro período de extrema desigualdade, brutais privilégios, fervor religioso e uma luta feroz para mudar as coisas. E a Revolução Francesa foi tudo isso – e tudo mudou de maneira tão radical que o mundo nunca mais foi o mesmo. Então vou começar bem do comecinho.

A primeira coisa que temos que ter em mente é que provavelmente a rainha Maria Antonieta, casada com o rei da França Luís XVI, nunca disse a tal frase. Sabendo disso, podemos nos voltar à história, pois muitas vezes a atribuição de frases, eventos ou acontecimentos a determinadas pessoas nos diz muito sobre o que estava acontecendo em determinado período histórico. E é disso que vamos falar.

Às vésperas de 1789, a França passava fome. Colheitas ruins, impostos altos, privilégios aristocráticos que saltavam aos olhos da sociedade faziam com que o clima político da França naqueles anos que antecederam o começo da revolução fosse explosivo. Fechados em castelos magníficos, como Versalhes, nos arredores de Paris, os nobres viviam em meio à riqueza e ao luxo. Enquanto isso, o resto da sociedade pagava pelas extravagâncias de poucos privilegiados. As coisas estavam no limite e qualquer problema parecia que explodiria todo o sistema.

A péssima gestão agrícola e ambiental, aliada a uma dívida nacional incontrolável, à inabilidade política extrema do monarca e à novas ideias sobre como deveria se organizar a sociedade foram os principais fatores que deram início à crise que desembocaria na Revolução Francesa. Enormes discussões aconteceram no parlamento francês sobre uma maior participação do povo. O rei não concordava em ceder.

Assim, a crise do pão não era um problema menor do governo absolutista. A falta de alimento básico da população, o trigo, jogava uma imensa maioria de pessoas na miséria e na fome. Mulheres reclamavam da falta de alimentos para as crianças e para a família, homens reclamavam dos altos impostos cobrados pelo governo. Era um barril de pólvora política prestes a explodir. Até que no dia 14 de julho de 1789 a população de Paris se revoltou e marchou para pôr abaixo um dos símbolos máximos da opressão francesa, a prisão da Bastilha.

Maria Antonieta, a filha mais nova da rainha maria Tereza da Áustria, casou-se muito cedo com Luís XVI para consolidar uma aliança política entre os países. Diziam que era mimada, fria e voluntariosa. Teve dificuldades em se adaptar à rígida etiqueta da corte de Versalhes. A verdade é que Maria Antonieta, como muitas outras princesas e rainhas da época, pouco se importava com o que acontecia para além dos palácios dos jardins, das fofocas com suas damas de companhia e dos vestidos encomendados em Paris. Quando da crise do pão, o povo atribuiu a ela a frase: "Se não têm pão, que comam brioches". Em francês: "*Qu'ils mangent de la brioche*".

A frase apareceu, no entanto, alguns anos antes, e num livro de Rousseau, *Confissões*, escrito na década de 1760. Era dita por uma princesa, uma personagem do livro, quando confrontada com a dura realidade da vida dos camponeses. A atribuição à Maria Antonieta veio, provavelmente, no calor dos acontecimentos da revolução francesa, quando uma série de panfletos anônimos a viam como a responsável pela ruína financeira da França por causa de seus gastos excessivos. Num deles, Maria Antonieta chegou a ser chamada de Madame Défict.

Depois da revolução, a (má) fama da rainha se espalhou por uma série de historiados e analistas. No filme de *Casanova e a revolução* (1982), de Etore Scola, Maria Antonieta é retratada quando tentava fugir da França com o rei e alguns cortesãos. Vestida de criada, eles param numa estalagem onde os camponeses os reconhecem. Os nobres são presos e mandados de volta para Paris. Humilhada, uma dama de companhia, diz: "O que aconteceu com os camponeses que há alguns anos nos olhavam com respeito e a cabeça baixa?"

O jogo havia virado. A turba os encaminhou para Paris onde, pouco depois, foram decapitados e jogados numa vala comum. A história do brioche se tornou uma lenda.

O livro do chá japonês: do oriente ao ocidente

Cerimônia de chá japonês no século XIX, de Hashimoto Chikanobu, 1895

Fonte: Wikipedia

Link da imagem 2: https://ukiyo-e.org/image/met/DP149378

Cerimônia do chá, chamada de *chanoyu*, de Hashimoto Chikanobu, 1895

O livro do chá foi publicado em 1906 em Boston, nos Estados Unidos. Seu autor, Kakuzo Okakura, foi o primeiro curador japonês da seção de Arte Oriental (Japão e China) do Museu de Arte de Boston. Foi o terceiro livro de uma trilogia pensada para apresentar a arte e a filosofia japonesa para os norte-americanos, editado junto com *The Ideals of the East with Special Reference to the Art of Japan* e *The Awakening of Japan. De maneira sutil e delicada, Okakura escreve que almeja a paz num mundo cheio de dragões de guerra, prestes a serem acordados. Assim, convida os leitores a entrar num outro universo: "Nesse meio tempo, tenhamos um pouco de chá. A tarde resplandece através dos bambus, as fontes borbulham de alegria, o sussurro dos pinheiros é ouvido na nossa chaleira." E com esse convite entramos também num outro tempo, com o chá ainda quente nas xícaras.*

A história do chá no oriente é complexa, mas existem registros do uso social do chá na China que data da dinastia

Tang, entre 581 e 618, um período que se caracteriza pela solidificação da burocracia chinesa. Nessa época o imperador governava por decretos, com uma visível expansão da nobreza, que se divertia em jogos, como xadrez e encontros sociais. O chá fazia parte dessa cultura da nobreza chinesa, enraizando-se aos poucos por diferentes camadas da sociedade e espalhando-se lentamente por diferentes culturais orientais.

Dessa maneira, quando os portugueses chegaram ao Japão, em 1543, o chá já fazia parte do dia a dia da maioria da população, profundamente intrincado em redes que iam da religião a complexos rituais de sociabilidade envolvendo a bebida. Como aconteceu em várias regiões em que os portugueses aportaram no período das grandes navegações, não demorou muito para que eles percebessem que o chá poderia se tornar uma mercadoria valiosa na Europa. Com propriedades medicinais, e alto grau de ritualização na sociedade, as folhas de chá logo chegaram à Europa pelas mãos dos portugueses.

O chá é uma infusão das folhas, flores e raízes da planta Camellia sinensis, na maioria das vezes preparada com água quente. Os sabores variam conforme o processo utilizado – que pode incluir oxidação, fermentação, contato com outras ervas, flores ou frutos, que vai proporcionar diferentes sabores e cores. Por conter teofilina e cafeína, o chá provoca alterações no sono e na vigília, característica notada pelos portugueses logo cedo.

Existem duas maneiras de se pronunciar a palavra chá, ambas derivadas do caracter 茶. Uma vem do malaio *e se diz Te, que vem do dialeto Min. Várias línguas adotaram variações sobre essa palavra, entre eles estão o inglês, o francês, o alemão, o dinamarquês, o italiano, o castelhano ou o hebraico. Já a forma chá, que usamos no português, vem do cantonês e do mandarim, significa "apanhar, colher". Como nós, falam variações sobre a palavra chá, os russos, os árabes, os vietnamitas, os gregos.*

Ao longo dos séculos o chá se espalhou pelo ocidente por diversas culturas, dando origem a outros rituais de sociabilidade com múltiplos significados, como o chá inglês. Quando Kakuzo Okakura escreveu *O livro do chá* no começo do século XX, ele estava interessado em apresentar os ideais de filosofia, de religião e vida que se entrelaçavam na complexa cerimônia do chá japonesa, a *chanoyu*. Nos seus escritos, Okakura mostra que os valores ocidentais e orientais se equivaliam, podendo viver em harmonia. De maneira inteligente, ele coloca o chá como mediador e apaziguador das diferenças entre o oriente e o ocidente, já que todos os povos valorizavam a bebida e poderiam se sentar à mesa com uma xícara à mão observando a natureza.

Leite, preconceito e neonazismo

Alimentos e ingredientes têm sido usados muitas vezes na história como marcas de distinção cultural, social e racial. Hoje, vemos imagens de racistas brancos consumindo leite nas redes sociais como prova de uma suposta superioridade genética. O leite, assim, passou a ser um código, um símbolo de um grupo social que se orgulha de partilhar uma característica genética, a de ser tolerante à lactose.

Supremacistas brancos e racistas recuperaram, assim, uma fato da biologia da humanidade para afirmar grotescamente suas crenças. A capacidade de digerir lactose é uma característica genética da relativamente recente da humanidade, uma mudança ocorrida há cerca de 10 mil anos e ainda em transformação. Essa mudança não está completamente disseminada na nossa espécie: apenas uma parte da população branca tem condições de digerir adequadamente o leite animal na vida adulta. Longe de indicar uma superioridade generalizada, é uma característica isolada, tanto quanto quaisquer outras. Mas, ao longo da história, essa característica deu origem a inúmeras teorias raciais, como aconteceu com outros hábitos alimentares.

Atualmente, estamos vivenciando uma reapropriação e ressignificação de antigas ideias associadas a raça, gênero, cultura alimentar e consumo de animais. No século XIX, os primeiros estudos de antropologia e genética consideravam elementos como o tamanho da circunferência craniana ou o pedigree familiar para definir arbitrariamente marcadores sociais disfuncionais – como ladrões, assassinos, pedófilos e outros.

Seguindo essa lógica absurda, hoje, a nova extrema direita, chamada de *alt-right* nos Estados Unidos, associa o consumo de leite a uma série de atributos positivos sobre a própria existência: por serem brancos e comerem carne (ou caça), formariam uma raça superior.

No século XIX, uma teoria evolutiva associada ao consumo de arroz se espalhou pelo mundo, a partir de alguns cientistas europeus: o consumo regular de arroz ou milho estaria associado a certo tipo masculino efeminado e fraco. Homens fortes e saudáveis teriam uma dieta baseada no consumo de carne e proteínas animais.

A teoria fazia parte de um conjunto de crenças vinculadas à dominação colonial, ou seja, povos europeus estariam destinados, por causa de sua genética, de sua cultura e de seus hábitos alimentares, a dominarem povos mais fracos, que deveriam ser colonizados. Essas teorias serviram de base para a colonização africana e asiática, principalmente. As teorias naturalizavam o racismo e práticas violentas de subjugação.

O primeiro governador-geral inglês da Índia, Warning Hastings, pôde administrar os interesses ingleses da área, no final do século XVIII, não apenas com a força das armas e da tecnologia militar, mas com a ideia de que os europeus em geral, e os ingleses em particular, tinham uma cérebro mais desenvolvido que os indianos pois comiam uma dieta baseada em carne e leite. A crença geral da ciência na época era de que a inferioridade dos povos subjugados poderia ser transformada a partir de mudanças no que população consumia. Uma dieta baseada em leite, carne e ovos, ao invés de vegetais e arroz, poderia curar a população de seu mal.

As ideias sobre a dieta de proteínas tinham um componente não apenas racial, mas também de gênero. Às mulheres também estava reservada uma dieta doce e de carboidratos, revelando também que o cérebro feminino era fraco e deveria ser subjugado, tutelado como o de uma criança.

Carne e leite passaram a ser vistos como "privilégios brancos", sendo usados como marcas de segregação de raça e gênero. Na América, essas ideias foram usadas para marcar as diferenças entre trabalhadores brancos, escravos e imigrantes.

Essa foi uma teoria que teve muitos adeptos no século XX. Na Alemanha nazista de Hitler, Joseph Goebbels, seu ministro da propaganda, fazia reuniões incentivando os participantes a beberem leite. O gesto simbolizava o reinado do povo ariano sobre os outros povos, e não por acaso também foi utilizado pelos defensores do apartheid na África do Sul, onde as ideias racistas se baseavam também na capacidade de digerir a lactose.

O mais estarrecedor é que há poucos anos, em março de 2015, a revista ultraliberal *The Economist*, soltou um artigo em que um economista, Justin Cook, professor na Universidade de California-Merced, tenta explicar as desigualdades globais – e justificar a riqueza dos países europeus e os Estados Unidos – por meio das diferenças genéticas relacionadas à digestão de lactose.

Dessa forma, quando um governante como Jair Bolsonaro faz um vídeo em bebe um copo de leite, ele retoma o simbolismo da supremacia branca. Sua admiração pelas teorias raciais e a maneira como vem conduzindo o governo mostram sua clara associação à direta *alt -right* – assim como faz o presidente americano Donald Trump –, alimentando as teorias "científicas" mais estapafúrdias, negando, ao mesmo tempo, os conhecimentos científicos que desmontaram, com os mais diversos argumentos culturais e biológicos, não haver qualquer justificativa genética para as desigualdades sociais.

A poesia da árvore de folhas douradas: a Gingko Biloba

Estampa de estilo art nouveau que usa a padronagem das folhas da Ginyko Biloba
Fonte: reprodução

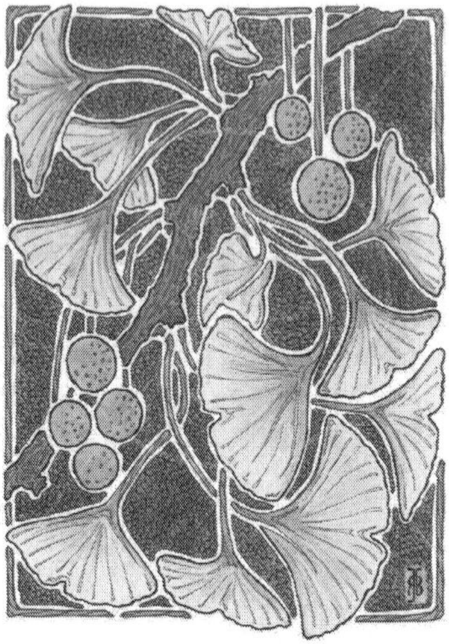

Mais uma estampa de Gingko Biloba feita no começo do século XX

Num pequeno mosteiro, Gu Guan Yin, localizado no noroeste da China, perto das montanhas de Qin, na província de Shaanxi, durante todo o outono, uma peregrinação de curiosos e turistas se junta para ver uma árvore cujas folhas douradas enchem a paisagem. É uma Gingko Biloba, que vive ali há 1.200 anos.

Considerada pelos cientistas uma das espécies de árvores mais velhas do mundo, a Gingko Biloba tem uma história que encanta homens e mulheres do Oriente e do Ocidente. Natural do natural do Sudeste da Ásia, sua floração outonal, em chamativos tons de amarelo e dourado, chamou a atenção de viajantes e pesquisadores estrangeiros que viajavam pelo oriente durante a época moderna. As sementes foram levadas para a Europa por

Engelbert Kaempfer (1651-1716), que trabalhava para Companhia das índias Orientais, cuja sede ficava nos Países Baixos (Holanda).

Em suas andanças pelo mundo, Kaempfer percebeu que os orientais usavam a semente, as folhas e o tronco para curar doenças. A noz da Gingko era usada como uma especiaria e teria poderes afrodisíacos, promovendo a boa saúde a longevidade. Levou consigo para Europa e, depois de várias tentativas de adaptação em solo europeu, o jardim botânico de Utrech e Leiden obtiveram sucesso. Ainda hoje, árvores de Gingko biloba de 1730 e 1754 estão vivas e podem ser apreciadas. Não tardou muito para que as sementes passassem a valer bastante no mercado de plantas exóticas.

Na Alemanha, o poeta, dramaturgo e romancista Johann Wolfgang Goethe, interessado em plantas, árvores e sementes, fez um plano de espalhar árvores de Gingko Biloba pela cidade de Weimar, onde morava juntamente com o duque da cidade Carl August. O duque então mandou seu jardineiro para o Jardim Botânico de Kew Gargen na lnglaterra com a missão explícita de aprender como adaptar a árvore e trazer sementes. A missão foi bem sucedida e as árvores se espalharam pela cidade.

A Gingko Biloba com suas folhas bipartidas em um formato único, sua floração peculiar e o amarelo-ouro que a árvore adquire no outono ajudou Goethe formular uma teoria botânica e filosófica sobre a árvore originária, a Urpflanze, a árvore que teria dado origem a todas as outras. A descoberta e a classificação da natureza era um dos maiores debates científicos da época, com o botânico francês Carlos Lineu formulando a moderna teoria de classificação das espécies.

Durante a época em viveu, a Gingko Biloba, que estava plantada no jardim do castelo do duque, atingiu apenas 3 ou 4 metros, ainda era uma árvore jovem. A paixão pela botânica acompanhou Goethe por toda sua vida. Num de poemas mais conhecidos, Goethe usa a árvore como metáfora, mandado o poema Gingko Biloba junto com algumas folhas para sua musa, Marianne von Willemer.

Ao longo do século, a Gingko Biloba se espalha pela Europa e, depois pelo mundo. É um símbolo do oriente, uma espécie rara, de folhagens especiais. Quando a paixão pelas coisas orientais tomou a arte, a Gingko tornou-se um de seus símbolos mais visíveis, estampado em tecidos, desenhado em pinturas e gravuras, cuidadosamente confeccionado em joias. E assim a Gingko Biloba tornou-se um dos desenhos mais representados durante o período da Art Nouveau. Sua perenidade, suas cores e seu significado fez que a árvore fosse usada em produtos farmacológicos e é assim que conhecemos a árvore hoje.

A cachaça, os velórios e o ato de beber o morto

Até pouco tempo atrás – e para uma historiadora pouco tempo atrás significa 50 anos mais ou menos –, existia pelo Brasil o hábito muito comum de se "beber o morto". "Beber" nesse caso se refere a beber cachaça. Ou seja, bebia-se o morto, o defunto, com cachaça. Nessa vida louca dos dias de hoje, esse hábito se perdeu, os velórios são mais rápidos e por isso a gente acha muito estranho quando nos deparamos com ele nos contos, nos livros, nas histórias. Mas a morte já foi motivo de muito pileque por essas bandas.

Beber o morto significa tomar cachaça durante a noite do velório para relembrar casos passados relacionados àquele que se vai, contar histórias, anedotas e fatos da vida. Geralmente o ritual era acompanhado por alguma comida, em forma de petisco ou sopa. Durante a noite, conforme as histórias se desenrolavam, risos e lágrimas se misturavam numa celebração nostálgica. Algumas vezes o velório se tornava uma festa. O historiador João José Reis, em seu livro *A morte é uma festa*, reconta muitos enterros que se tornaram festas de rememoração da vida dos defuntos.

Num dos livros mais interessantes da literatura brasileira, *A morte e a morte de Quincas Berro d'Água* (1959), o escritor baiano Jorge Amado relata as duas mortes do personagem principal, Joaquim Soares da Cunha. Funcionário público com vida pacata e família religiosa, Joaquim vivia a vida sem maiores sobressaltos. Vidinha besta, quase sem graça. Num dia, resolveu jogar tudo pro alto e viver na mais completa boemia, sem saber do dia de amanhã. Jogou-se nos braços da cachaça, frequentando mercados, ladeado uma turma de amigos beberrões como ele.

De Joaquim tornou-se Quincas Berro D'Água quando, num certo dia, provou um copo com um líquido transparente. Virou o copo esperando cachaça, mas era apenas água. O berro foi de raiva e indignação. Virou seu apelido. Quincas tornou-se famoso pelas ruas de Salvador, até que um dia morreu no quartinho singelo e pobre que ocupava. A família logo foi avisada e tomou as providências para transformar o Quincas de volta no respeitável burguês Joaquim. E assim o velório seguiu tranquilo até que a turma da bebida chegou e viu um sorriso na cara do defunto. Disseram que ele ainda estava vivo, pegaram-no nos braços e o levaram para mais uma noite de boemia.

A certa altura, os amigos cachaceiros resolveram pegar um veleiro, para passear nas águas da baía de Salvador. Uma onda veio violenta e levou Quincas, que parecia não querer ser enterrado em terra.

Nessa história, Jorge Amado dá vida e cor a um hábito comum na época no Brasil. Dizem que esse hábito vem de antigos rituais africanos, chamados *gurufins*, também realizados com cachaça. Para se livrar do caminho da morte, alguns bebedores derramam um pouco de cachaça no pé, liberando o caminho – quase como a cachaça derramada no chão, que é dada pro santo.

Na época do descobrimento, no século XVI, relatos de viajantes contam que os índios também transformavam alguns enterros em festas, com um enorme consumo de cauim, a cerveja indígena, e festejos.

É interessante pensar no entorpecimento que a bebedeira causa nos que a consomem nos velórios. A cachaça, e o porre se tornam meios para que, por meio da inconsciência alcóolica, os participantes dos velórios se aproximem do morto, já sem consciência. O torpor da cachaça cria também um ambiente fantástico, em que a morte, no caso de Quincas claramente, não é uma fatalidade, mas um caminho natural de uma vida, ou de mais de uma.

Eliminar a fronteira rígida que separa o mundo dos vivos do mundo dos mortos: eis o dom e a magia que, nos velórios, enchiam um bom copo de cachaça.

Bonde na rua da Bahia, Centro de BH | Imagem: Ascom/APCBH

Rótulo de cachaça dos anos 1940 engarrafada em Belo Horizonte

Cachaça, caipirinha e prosa na São Paulo da garoa

"Batida de limão é vacina de pobre"
Guilherme Santos Neves, *A Gazeta*, 6 de outubro de 1957.

Dizia uma quadrinha popular do começo do século XX que somente duas "nações" não bebem cachaça, o sino e o ovo. O sino porque tem a boca para baixo e o ovo porque está cheio. A anedota faz parte de uma série de quadrinhas, versos, ditados e sinônimos recolhidos pelo escritor modernista Mário de Andrade para uma pesquisa sobre o folclore da cachaça.[1] Mário gostava de beber, e em sua viagem à Amazônia, em 1927, recolheu os seguintes versinhos, que também diziam muito de sua relação com a bebida: "O meu consolo é viver nesta alegria / Cambaleando, vendo a

1 O material é disperso e faz parte do Fichário Analítico, que se encontra no Instituto de Estudos Brasileiros (IEB).

lua em pleno dia/ O meu consolo é viver sempre na água/ Porém meu peito não conhece o que é mágoa".

Subproduto do refino do açúcar, a cachaça está intimamente ligada à história do Brasil. Moça branca, caninha, canha, chica boa, choro de mulata, concentrada, gato, ginger, isca, martelo, pinga, quebra-goela.[2] São quase infinitos os sinônimos para a bebida em português. A aguardente foi estudada por sociólogos, folcloristas e antropólogos e sua história foi escrita a partir das maiores regiões produtoras de açúcar do país, como a Bahia, o Rio de Janeiro ou Pernambuco. Estudar a história da cachaça em São Paulo é, muitas vezes, como encontrar um samba bom na terra da garoa. "Mas mulher, patrão e cachaça em qualquer canto se acha", cantou o maior sambista paulista, Adoniran Barbosa.

A técnica para a fabricação da cachaça era simples e não requeria nem muito conhecimento nem uma produção muito extensa. A produção local, portanto, tinha um mercado garantido. Mercado este que era composto não apenas por escravos, libertos, forros, lavradores pobres, donos de pequenos armazéns ou mineradores. A aguardente de cana era uma unanimidade, bebida por todos os segmentos da população, ainda que membros da elite escondessem suas preferências, afirmando a superioridade das bebidas metropolitanas como o vinho ou a própria bagaceira.

---

2 Sinônimos recolhidos por Mário de Andrade e que se encontram no Fichário Analítico.

A disseminação da fabricação e do consumo da cachaça no Brasil data dos séculos XVII e XVIII. Entre 1797 e 1803, a aguardente representava o oitavo produto brasileiro na pauta de exportações para a metrópole. Todas as regiões brasileiras produziam aguardente, mas o Rio de Janeiro, em primeiro lugar, seguido pela Bahia e por Pernambuco, eram os portos que mais exportavam o produto.

A cidade e a bebida: paulistas e caipirinhas

Na cidade de São Paulo tomar cachaça sempre foi prática corrente. Aonde havia uma venda secos e molhados a bebida era oferecida e gerava rodas de conservas entre os consumidores. Dessa maneira, lugares específicos da região central tomaram da bebida seu nome, como é o caso do Beco da Cachaça.

Um dos lugares de encontro e sociabilidade da cidade neste período eram os armazéns, que muitas vezes funcionavam como pequenos botecos ou bares. Serviam-se lingüiças fritas, torresmos, ou mesmo refeições preparadas pela mulher dos donos dos estabelecimentos, que se espalhavam pela cidade.

Em *São Paulo Antigo*, o escritor Antônio Egydio Martins comenta sobre o antigo prédio térreo da rua de São Bento, esquina com a Ladeira do Açu, em que, num armazém de secos e molhados, o comerciante Joaquim Antonio da Silva conhecido como Joaquim Bafejador, em meados do século XIX, servia cachaça para a nata da elite paulistana.

O costume perdurou – e mesmo anos depois, quando a cidade já possuía estabelecimentos *chiques,* tomar uma caninha era hábito cotidiano, seja em lugares sofisticados, seja em armazéns de secos e molhados.

Mas essas descrições, ou mesmos os números de produção, traduzem apenas uma pequena parte do que representava a cachaça no cotidiano paulista. A caninha era o conforto da "alma" dos bebedores, na maioria das vezes escravos, forros ou homens e mulheres livres sem perspectiva de futuro, condenados a um cotidiano de trabalhos pesados e forçados. Usada como moeda no tráfico de escravos, a aguardente fazia parte da alimentação diária da população paulista e sua importância como fonte de calorias era quase que imprescindível.

Os versinhos populares recolhidos pelo pesquisador baiano José Calasans dizem explicitamente: "Comendo feijão/ bebendo cachaça/ assim a vida se passa", ou então "Você disse que é toureiro/ Mais a mim você não laça/ A comida só é boa/ Quando se tem a cachaça".

A aguardente sempre esteve ligada à alimentação cotidiana dos moradores de São Paulo. Mário de Andrade, pesquisando sobre a genealogia da cachaça, anotou costumes, sinônimos e anedotas sobre a bebida. Mais uma vez, é ele quem nos dá uma pista sobre a antiga relação de São Paulo com a aguardente. Em seu fichário analítico, o escritor fez uma anotação sobre uma bebida muito popular no final do século. XIX e começo do XX. Era a *Paulista*, mistura de limão, açúcar e cachaça.

Mário de Andrade lembra de outras misturas com pinga, ligadas à diferentes regiões do país Ele escreveu sobre a "caninha de manga" mineira, a "imbiriba" nordestina (...) a "meladinha" que também se diz cachimbo (...). E também sobre uma especialidade de São Paulo: a *batida paulista:* "A batida paulista é realmente a melhor das misturas da cachaça. Quando legítima, isto é, com limão, água e açúcar apenas"

Não é preciso muito para chegarmos a conclusão de que a *Paulista* da época do Mário ficou conhecida *Caipirinha* dos dias de hoje. Na verdade, as duas palavras são sinônimos. Afinal, "caipira" significa, em tupi, "cortador de mato", nome que os índios do interior da região davam aos homens brancos e caboclos e que acabou por se tornar um sinônimo dos habitantes do interior do estado. O paulista é o caipira. A bebida paulista é a caipirinha, acrescida de gelo numa benesse dos tempos da geladeira. Pinga, limão, gelo e açúcar. Caipirinha.

Fogo líquido: cachaça, axé e repressão

"Para Exu se oferece cachaça, dendê, farofa grossa. É ele quem abre os caminhos."

— Pierre Verger, *Notas sobre o culto aos orixás e voduns*

No Brasil, a cachaça nunca foi apenas uma bebida. Ela é parte da mesa popular, da festa de rua, do ritual de passagem. Entre as religiões afro-brasileiras, sobretudo no candomblé e na umbanda, a cachaça ocupa um lugar central: é oferenda, saudação, presença. É um dos elementos com que se saúda Exu, se prepara a encruzilhada, se afirma a energia do corpo e do mundo.

Nas práticas de terreiro, a cachaça não é usada por embriaguez, mas por sentido. Ela purifica, fortalece, comunica. É despejada no chão para abrir caminhos, borrifada no corpo como proteção, servida em copo cheio como reconhecimento. Exu, o orixá da comunicação, das travessias e dos desequilíbrios, é aquele que a recebe primeiro. Oferecer-lhe cachaça é garantir que a palavra chegue, que o rito se inicie, que o corpo se firme.

Esse gesto ritual, porém, foi historicamente estigmatizado. Nas primeiras décadas do século XX, a repressão policial às religiões afro-brasileiras incluiu a apreensão de objetos considerados 'fetiches': estatuetas, panos, garrafas de bebida. Relatórios do Departamento de Ordem Política e Social (DOPS) mencionam a cachaça como 'elemento de desordem' em 'sessões suspeitas'. Assim, o que era sagrado para muitos, foi classificado como crime, bruxaria ou escândalo moral.

Essa repressão teve raízes profundas: era o racismo disfarçado de civilização. A cachaça, bebida do povo, passou a ser associada à desordem, à feitiçaria, ao atraso. Enquanto o vinho ganhava status litúrgico no catolicismo, a cachaça era demonizada nos cultos afro. O mesmo líquido, dois destinos: um para ser abençoado, outro para ser proibido.

Em muitos municípios brasileiros, os códigos de postura previam multas e perseguições contra 'cultos de rua', 'desordens públicas' e 'excessos alcoólicos'. Na prática, isso significava a perseguição aos rituais de umbanda e candomblé. Em nome da ordem, o Estado criminalizou práticas religiosas, apagando seus significados e seus direitos culturais.

Mas a cachaça resistiu. Resistiu no copo de Exu, na mão da pombagira, nas oferendas deixadas à beira do caminho. Resistiu também nas festas populares, como o Bumba-meu-boi, o maracatu, o samba de roda. Ali, entre a bebida e o tambor, entre o batuque e o cheiro de dendê, afirma-se um saber ancestral que recusa a limpeza do colonialismo e afirma a mistura como fundamento.

Em *O cru e o cozido*, Claude Lévi-Strauss propõe que a transformação dos alimentos marca o limiar entre natureza e cultura: cozinhar é o gesto inaugural da civilização. A cachaça, nesse sentido, é uma síntese intensa dessa operação. Extraída da cana — vegetal do campo, matéria-prima colonial —, ela passa pela fermentação e pela destilação até se tornar fogo líquido. Um produto cultural por excelência, que se transforma em oferenda ritual. Quando derramada ao chão para Exu, ela não é só bebida — é mensagem codificada: um símbolo de passagem, mediação, comunicação com o invisível. O que Lévi-Strauss buscava no mito, os terreiros praticam com o copo.

Jorge Amado, em muitos de seus romances, registra esse uso ritual da cachaça com clareza e carinho. Em *Tenda dos Milagres*, por exemplo, ela aparece como parte dos preparos rituais de Pedro Archanjo, e em *Capitães da Areia*, como elemento de resistência dos meninos da rua. A cachaça, nesses textos, não é vício nem ruína — é elo com o povo, com os mortos, com os deuses. É fogo líquido que aquece e protege.

Em muitas descrições etnográficas, como as de Vivaldo da Costa Lima e Edison Carneiro, o uso da cachaça nos despachos de Exu é recorrente. O alguidar costuma conter farofa, carne, pimenta, dendê e uma garrafa de cachaça virada sobre o solo, com parte do líquido derramado. O gesto não é casual: é um modo de 'banhar o caminho', ativar o axé, estabelecer contato com o invisível. A bebida, nesse contexto, não é vício — é veículo. É com ela que Exu 'bebe a palavra' e abre os caminhos do rito.

Esses rituais foram amplamente reprimidos ao longo do século XX. Nos arquivos do DOPS e nos jornais da época, são frequentes as notícias de batidas policiais em terreiros, com apreensão de garrafas de cachaça como 'prova de desordem'. No *Correio da Manhã*, em 1911, lê-se: 'Na batida policial desta madrugada no Engenho Novo, foi recolhido farto material de feitiçaria, entre eles, imagens grotescas, garrafas de cachaça, velas pretas e charutos.' Nesse registro, o que é sagrado para o povo torna-se prova contra ele mesmo.

Em *Jubiabá*, Jorge Amado descreve o preparo ritual de Exu com precisão e respeito. O personagem despeja cachaça no chão e a esfrega no corpo como forma de proteção. 'Para Exu', diz ele. A bebida é parte do rito, como o tabaco e as ervas. Não há folclore ali, mas afirmação cultural. A literatura serve como documento daquilo que o Estado tentou apagar: o sagrado afro-brasileiro como sistema de pensamento e prática viva.

Alfredo Bosi, citando Roger Bastide, lembra que o sincretismo brasileiro se construiu não pela diluição das tradições africanas, mas pela sua sobrevivência estratégica. Bastide, em *O Candomblé da Bahia*, observa que os orixás 'se disfarçam, mas não se dissolvem'. A cachaça, nesse sentido, sobreviveu como parte de um sistema simbólico maior, que associa elementos da natureza, do corpo e da comunidade. Ela é parte da gramática do culto, e sua repressão revela o desejo de domesticar corpos e interditar expressões religiosas não hegemônicas.

Num país em que a bebida popular foi demonizada enquanto a bebida da elite era sacralizada, recuperar o sentido ritual da cachaça é também um gesto político. É afirmar que há saber nas garrafas de vidro deixadas nas encruzilhadas, que há dignidade na oferenda líquida feita com fé e respeito. Que há história no gole derramado para quem veio antes.

Referências

CARNEIRO, Edison. *Candomblés da Bahia*. Rio de Janeiro: Civilização Brasileira, 1961.

LIMA, Vivaldo da Costa. *Orixás da Bahia*. Salvador: Corrupio, 2000.

AMADO, Jorge. *Jubiabá*. São Paulo: Companhia das Letras, 2008.

BASTIDE, Roger. *O Candomblé da Bahia*. São Paulo: Companhia das Letras, 2001.

LÉVI-STRAUSS, Claude. *O cru e o cozido*. São Paulo: Cosac Naify, 2004.

VERGER, Pierre. *Notas sobre o culto aos orixás e voduns*. Salvador: Corrupio, 1981.

SIMAS, Luís Antônio. *O corpo encantado das ruas*. Rio de Janeiro: Civilização Brasileira, 2019.

FREYRE, Gilberto. *Casa-Grande & Senzala*. Rio de Janeiro: Global, 2003.

LIMA, Vivaldo da Costa. *Orixás da Bahia*. Salvador: Corrupio, 2000.

AMADO, Jorge. *Tenda dos Milagres*. São Paulo: Companhia das Letras, 2008.

______. *Capitães da Areia*. São Paulo: Companhia das Letras, 2008.

BRASIL. *Relatórios do Departamento de Ordem Política e Social (DOPS)*, Arquivo Nacional.

Botecar, verbo intransitivo

Para Andrea Werkema, Juliana Gambogi
e Beatriz Lessa

Há alguns anos passei uma temporada em Belo Horizonte, capital mineira. Já havia ido à cidade diversas vezes em diferentes ocasiões desde muito jovem, mas, de certa maneira, nunca a tinha entendido. Tive alguns lampejos de lucidez e uma pista muito boa quando vi que vendiam um tutu de feijão com montes de torresmos cheirosos e galantes no zoológico. Mas guardei o cheiro, a imagem e gula em algum lugar escondido do cérebro.

Nas viagens de juventude à cidade, passava pelas avenidas largas, comia em diferentes lugares, falava com muitas pessoas, mas o coração pulsante de Beagá parecia adormecido para mim. Procurei dados históricos e geográficos e achei muitas informações interessantes: que a cidade havia sido planejada no final do século XIX pelos engenheiros Aarão Reis e Francisco de Paula Bicalho; que foi inaugurada em 12 de dezembro de 1897; que ficava exatamente no centro geográfico do Estado, a 100 km da antiga capital, Ouro Preto. Mas não adiantou. Meu coração de historiadora ficou um pouco mais satisfeito, mas eu ainda não entendia a cidade nem seus habitantes.

Até que, em 2018, fui passar mais tempo, dez dias de férias, com absolutamente nada para fazer a não ser passear pelas alamedas projetadas e arborizadas da cidade. Fui acompanhando o marido num congresso de literatura. Aproveitava o embalo da viagem para lançar um pequeno livro de ensaios que havia escrito, *Toda comida tem uma história*. Era outubro, numa primavera quente e nublada, mas sem muita chuva. Na janela do quarto do hotel, via a praça da Liberdade, com suas alamedas em estilo francês, inspiradas nos jardins do Palácio de Versallhes, na França. A praça fica no ponto mais alto do que seria a antiga sede dos prédios públicos mineiros – e o congresso estava acontecendo na Biblioteca Pública Antônio Luís de Bessa, inicialmente projetada Oscar Niemeyer para compor com os outros prédios administrativos do lugar.

Eu não assisti ao congresso. Fiquei vagando pela cidade, subindo e descendo ruas no que eu considero o maior luxo dos tempos em que vivemos: o tempo. O tempo para não fazer nada de útil. Nesses sobes e desces, topei com um monumento que já conhecia, mas nunca tinha me atinado para o significado das palavras inscritas nele, a obra do poeta e compositor Rômulo Pais: "A minha vida é esta, subir a Bahia e descer a Floresta." E a rua era aquela, rua do Carlos Drummond de Andrade, que escreveu em 1930 sobre a mais mineira das ruas: "Eu conhecia a Rua da Bahia quando ela era feliz. Era feliz e tinha um ar de importância que irritava as outras ruas da cidade". Achei a rua feliz e animada, ligando o centro administrativo ao centro comercial da cidade. Achei ela mais feliz ainda porque ficava num edifício estranho, mesmo lugar aonde era a livraria que faria o lançamento do livro, a livraria e sebo da Crisálida. O prédio era o edifício Maletta. Já volto a ele.

Todas as noites saía pelas ruas da cidade com o pessoal do congresso. Congressos são assim: um monte de pesquisas incríveis e interessantes e muitos encontros etílicos e gastronômicos. Até engorda. Mas eu, que ficava andando, não me sentia culpada. Cachaças, linguiças, tutus, arrozinhos, pasteizinhos, bolinhos, couves crocantes e verdinhas, farofas incríveis, angus, quiabos, rabadas, feijões fresquinhos, empadinhas, torresmo, lombinho, peixinhos da horta, bochechas de porcos. E mais cachaça. Realmente, aqueles dias precisaram de quilômetros e quilômetros de Belo Horizonte. As comidas, que já são excepcionais normalmente, ganharam o tempero extra das férias.

O edifício Maletta foi construído no mesmo terreno do antigo Grande Hotel de Belo Horizonte. É um prédio dos anos 1950, cheio de pilastras modernistas, seus apartamentos abrigam estudantes animados, e a sobreloja é lotada de bares enfileirados, um depois do outro. Entre os muitos lugares que íamos depois das discussões, acabávamos a noite no Maletta, e depois subindo a Bahia no sereno da madrugada, quase chovendo, para voltar ao hotel na Praça da Liberdade.

E foi lá que o Oséias, editor e dono da livraria Crisálida, me disse algo que mudaria a minha visão da cidade, me abriria as portas entendimento e encheria meu coração: "Vamos botecar, querida". Mas ora, ora, ora. Pisquei. Num pulo, num segundo e numa frase, o substantivo relativo a lugar em que se come todas aquelas maravilhas se tornou um verbo. Do substantivo botequim fomos ao verbo botecar. E parece que o verbo virou um festival da cidade, mas essa é outra história.

Como sempre faço voltei aos dicionários antigos para saber a origem da palavra botequim, o substantivo. Fui do Dicionário do Raphael Bluteau, do começo do século XVIII, e achei uma definição interessante. *Bottequim ou butiquim*, o substantivo, o lugar das delícias e dos amigos, vem de botica. E botica vem de bote, que, em castelhano, significa vaso de barro, vidrado, redondo e alto em que os boticários guardam as drogas e xaropes para o restabelecimento da saúde – uma farmácia nos dias de hoje. Mas a palavra, segundo o dicionário, também, pode vir do francês "boutique", lugar aonde se vendem toda a espécie de mercadorias. O dicionarista acaba por entender que a palavra vem de butica e boutique, os dois sentidos combinados, e que guarda medicamentos e mercadorias. E, para meu espanto e compreensão, nos seus muitos sentidos podia ser entendida como "taverna". Ou seja, butiquim, ou boteco, é onde se tomam drogas, entre elas o vinho a cerveja e outros álcoois. Ficou claro como a luz do céu. Mas nada desse conhecimento histórico enciclopédico mudou o espanto e a maravilha de ter ouvido a palavra virar verbo: botecar.

E assim, depois que eu rasguei meu coração pela cidade e pelas comidas de boteco, pulando de bar em bar, depois de entender, como historiadora, um pouco melhor o que significava o substantivo botequim, passei a pensar no verbo... ah, o verbo botecar, esse ficou guardado pra sempre em algum lugar na rua Bahia, numa noite fria de sereno de umas madrugadas primaveris de BH.[1]

1 PS: Para escrever essa coluna, que é completamente óbvia para os mineiros (me perdoem!), consultei algumas amigas da cidade. Uma dela me mandou uma música do Tavito como lembrança de uma outra época: "Rua Ramalhete". Escrevi ouvindo a música, que recomendo como trilha sonora para a coluna.

Churrasquinho, cerveja e pipoca: o gosto da liberdade

Antes de começar gostaria de dizer que escrevo este texto na pior semana da pandemia, quando Manaus, o pulmão do mundo, sufocou com a falta de oxigênio, planejamento, organização e logística do governo Bolsonaro.

Um dia em que acordo bem cedo, já meio nervosa pelos acontecimentos que ainda vão se desenrolar. Vou ao trabalho tensa, com um frio na barriga e uma ansiedade completamente justificável. Meio-dia e o expediente acaba.

Logo em seguida pego o metrô e desço no Largo da Batata, em Pinheiros, São Paulo. Está começando a encher de gente, com o sol ainda brilhando. Os balões da CUT já estarão no ar, o Levante Popular da Juventude vai começar a batucar algumas músicas, as bandeiras vermelhas estarão de pé e o pessoal ansioso, mas animado. A polícia, de butuca, olha feio. Várias rodinhas de amigos, conhecidos e desconhecidos, sorridentes discutindo política. À postos, o pessoal com camiseta do MTST e do MST, uns com bonezinho vermelho, outros com um chapéu de camponês. Num outro canto, um pessoal com o macacão laranja dos petroleiros da Petrobrás.

Camisetas das mais variadas vertentes políticas, com muitos dizeres políticos e reivindicações. São coloridas, lilás, amarelo, branco, verde e principalmente vermelhas. Muitas são feitas manualmente, de forma artesanal, e são vendidas em banquinhas improvisadas espalhadas pela praça. O cheiro de churrasquinho se espalha no ar, enquanto vendedores ambulantes de cerveja se misturam com a multidão. Alguns pipoqueiros vendem suas mercadorias – pipocas brancas, salgadas, e vermelhas, doces. Anoitece.

A multidão se espalha pelo bairro, ansiosa pela partida, pela marcha, pelas palavras de ordem. Em pouco tempo, começa a cair uma garoa fina e esfria, como em muitos outros dias em São Paulo. Começamos a andar. Estamos subindo a Rebouças lentamente. A subida é dura, mas ninguém desiste. A música aumenta – na verdade, são vários grupos já espalhados pela manifestação.

Pipoqueiros, vendedores ambulantes e churrasqueiros acompanham alegremente a marcha. Paro um pouco embaixo de uma árvore para ver o nosso tamanho, a quantidade de pessoas que estão juntas. Passam amigos animados, beijos, abraços, diálogos rápidos, conversas sobre política. Do outro lado da avenida, alguns carros, num congestionamento monstro, buzinam dando apoio.

A marcha engata, todo mundo toma fôlego pra subida final. São 19h30. O espigão da Paulista é vencido lentamente. Já vemos o Hospital das Clínicas, a ladeira final é cruel. Em pouco tempo, subimos. Num último fôlego, viramos uma rua e chegamos. O Masp já é avistado e o caminho é reto. A multidão se dispersa. Todo mundo conversa, alegre e aliviado, pois a polícia se comportou e não bateu em ninguém.

O gosto da liberdade é o da luta e do encontro. Muitas outras escritoras se debruçaram sobre a comida e sobre períodos de escassez, peste ou guerra. MFK Fisher falou sobre a falta de manteiga, de provisões, de racionamento nos Estados Unidos da Segunda Guerra Mundial, Alice B. Tocklas falou da sua vida culinária com Gertrude Stein na Zona de Vichy quando os alemães ocupavam a França. Todas escreveram sobre memórias e desejos de liberdade num tempo de muitas restrições.

O sonho, as vontades e o futuro muitas vezes foram retratados em forma de comidas inatingíveis. Para mim, a liberdade e o futuro têm o gosto de churrasquinho, de cerveja e de pipoca, de um dia especial, de luta e manifestação. Feliz ano novo.

Uma ode aos cadernos de receitas das avós[1]

Outro dia, faz algum tempo já, fui arrumar as coisas da minha avó e achei um caderno de receitas. Pequeno, retangular, sem imagens na capa e com as páginas já amareladas pelo tempo. Ao ser folhado caíram recortes de receitas de revistas antigas, a maioria da década de 1950 e 1960. O caderno estava cheio – em cada página, uma receita escrita com a letra redonda e um tanto hesitante da minha avó. E, enquanto folheava as páginas, lembrando de muitos pratos servidos em ocasiões festivas, eu pensava nos muitos significados dos cadernos de receitas para a história da gastronomia e para a história das mulheres.

---

1 *Este texto foi inspirado pela visita à Exposição "O caderno de receitas: histórias de comidas e de gente", no Museu da Imigração, em 2019. A exposição me fez refletir sobre o caderno de receitas da minha avó e de sua contribuição para a história da alimentação.*

Os cadernos de receitas contam histórias que vão muito além das receitas – contam as histórias das famílias e das mulheres que tocaram a vida dessas famílias. Quase todo mundo tem um desses, da mãe, da avó ou tia, em algum lugar da casa. Muitos acabam jogados fora, sem maiores remorsos, vistos como coisas velhas de um tempo distante. Outros voltam a serem lidos, como antigos álbuns de fotografias em preto e branco. Raramente as receitas voltam a serem feitas. E quando alguém se aventura a mexer nas panelas, nos muitos ovos e toneladas de açúcar, o resultado tem o gosto de um tempo distante.

Ouso dizer que a prática feminina de escrever cadernos de receitas é muito antiga, mas muito antiga mesmo. Talvez tenha séculos. Temos livros de receitas de damas da corte portuguesa no século XVII, ou de donas de casa inglesas do século XVIII. Temos até um livro de receita, *A cozinheira republicana,* editado no auge do Terror da Revolução Francesa (um livro atribuído a uma mulher, Madame Mérigot, com várias receitas de um único ingrediente, a batata. Mas essa é outra história).

Os cadernos se popularizaram com a alfabetização feminina em meados do século XIX. Jornalistas, como Júlia Lopes de Almeida, incentivavam as mulheres a escreverem – ela mesma escrevendo um livro de dicas domésticas e receitas chamado de *Livro das Noivas,* grande sucesso editorial da época. Os cadernos trazem dentro deles as reflexões de um diário, também escrita obrigatória das moças educadas no século XIX.

Nas páginas amareladas vemos escritas tão íntimas, muitas vezes com erros ortográficos do coração, como no da minha avó, que não completou sua educação formal. Vemos também línguas entrelaçadas, de mulheres imigrantes que não conheciam bem nem o português nem a língua materna, em que os ingredientes da nova terra são estranhos e as receitas têm de ser adaptadas. O caderno é esse meio do caminho, essa ponte, a ligar o velho e o novo.

Como um diário, os cadernos de receitas falam de alegrias e tristezas pessoais e familiares – muitos trazem anotações diversas, recados, telefones esquecidos (do eletricista, da vizinha, da amiga, do parente de outra cidade). Vemos também pedaços de poemas ou de músicas populares, escritos meio de lado, tímidas lembranças de suspiros e estados de espírito melancólicos. Essas escritas paralelas formam outras leituras possíveis para além do alimento familiar, de estados da alma e do coração.

Invariavelmente as receitas têm donas. Temos o Pudim da Elza, ou o Bolo de Carne da Zuleika, as Esfirras da Glória, ou o Bolo de Abacaxi com Coco Ralado da Clara. Muitas foram copiadas em encontros femininos de parentes, amigas ou vizinhas. Ocasiões em se trocavam receitas, se jogava conversa fora e se falava da vida. Algumas trazem as marcas da família, o Macarrão do Zito, o Peixe do Arnaldo, o Bolo do Zezinho – únicas figuras masculinas que penetram nesse espaço tão íntimo do caderno de receitas.

As receitas têm um tempo bem marcado. São resquícios de outras épocas, nos mostrando como se comia, os ingredientes, as quantidades, os utensílios, a maneira de mexer no fogão e controlar o fogo, a forma de contar como se faz. Trazem outros gostos e uns estranhamentos: três dúzias de ovos (!), enormes quantidades de farinhas processadas em casa, banha de porco, café feito no quintal, peixes frescos do rio.

As lembranças fazem as receitas mais saborosas e dos cadernos verdadeiros tesouros. Folhando as páginas dos cadernos de receitas da família, vemos irmãos separados por guerras, sagas familiares que atravessaram oceanos, tragédias e separações, a reconstrução da vida e da família em receitas repetidas todos os dias – e também nos domingos e festas familiares. Nas suas páginas percebemos esse outro tempo feminino, íntimo e cotidiano. Dessa maneira, os cadernos contam a histórias de todas essas mulheres que se sentaram com suas canetas para colocar no papel sua vida e o seu cotidiano.

A cozinha como campo de batalha: gênero, trabalho e silêncio

Um fantasma ronda as cozinhas do mundo todo: a presença das mulheres. Ainda hoje mulheres que trabalham em cozinhas profissionais são vistas com desconfiança. Mulheres que ganham estrelas Michelin, o guia francês mais conhecido de classificação de restaurantes, também são raridades (ainda que pouco a pouco isso esteja mudando). Os casos de assédio, sexual e de trabalho, são corriqueiros nas cozinhas de bares e restaurantes profissionais ao redor do mundo, ainda que pouco se fale sobre isso. Por incrível que pareça, falar sobre assédio das mulheres nas cozinhas profissionais ainda é um tabu, visto como um assunto proibido e mal gosto. Mas essa é a realidade na maioria desses espaços.

A história das mulheres nas cozinhas profissionais começa com a disseminação dos restaurantes na França do final do século XVIII. Com a crescente popularização desse tipo de estabelecimento, ao longo do século XIX, uma questão começa a se colocar: se as mulheres estavam à frente das cozinhas caseiras, por que não poderiam encabeçar estabelecimentos comerciais? Nas cozinhas reais, os cozinheiros geralmente eram homens, encarregados de servir um batalhão que vivia nas cortes. Nas batalhas, existiam frentes de cozinheiros destinados a fazer as refeições dos soldados.

As cozinhas, da corte ou dos campos de batalha, eram lugares inóspitos, pra dizer o mínimo, que demandavam enorme força física e saúde. Essa necessidade de esforço físico foi uma das justificativas para afastar as mulheres das cozinhas de restaurantes no século XIX. Até hoje, é comum pedir para mulheres que estão iniciando o trabalho em cozinhas profissionais que busquem as panelas mais pesadas, carregadas de água. É uma espécie de teste de resistência.

As mulheres estiveram na cozinha, alimentando as famílias desde os tempos imemoriais. Era responsabilidade da mulher, na cultura ocidental, alimentar, cuidar e manter limpa a casa, no que hoje é chamado de trabalho não remunerado ou trabalho invisível das mulheres, esse eterno cuidado com a casa e a família. Quando os restaurantes se disseminaram no século XIX, elas continuaram presas à cozinha domésticas com nenhuma remuneração (a maioria) ou baixíssimos salários como as cozinheiras de famílias ou empregadas domésticas. Muitas cozinheiras de família possuíam um dom ou uma habilidade culinária tão desenvolvida quanto a dos chefs dos mais renomados dos restaurantes de Paris. O que teria acontecido, então?

O desenvolvimento dos restaurantes trouxe problemas trabalhistas para seus funcionários, como aconteceu com toda a categoria profissional na França e na Inglaterra após revolução Industrial. Os trabalhadores de restaurantes, garçons e cozinheiros, se uniram em sindicatos para defender seus próprios interesses. Ganharam uma série de proteções trabalhistas ao longo do tempo, como a necessidade de profissionalização em escolas de gastronomia, tempos de trabalho, salários que se modificavam conforme a hierarquia da cozinha.

Mas uma das principais reivindicações foi a diferenciação do trabalho masculino e feminino na cozinha. Aos homens ficou reservado o trabalho profissional dentro de estabelecimentos como os restaurantes, com uma estrutura regulamentada por leis, e às mulheres ficaram com as cozinhas de família, com aprendizado informal e não letrado e uma remuneração associada aos serviços domésticos. Temos alguns exemplos de grandes cozinheiras domésticas na literatura inspiradas por figuras reais, como Françoise, a cozinheira descrita por Marcel Proust em *Em Busca do Tempo Perdido*. Segundo os sindicatos da área durante o século XIX, as mulheres não poderiam se filiar, tampouco frequentar escolas de gastronomia.

O sistema francês se espalhou pelo mundo com a disseminação dos restaurantes. Hoje, vive-se num legado desse tempo dentro dos restaurantes. Assédio, discriminação, preconceito são comuns em grandes estabelecimentos. São poucas as mulheres a conseguirem o cargo de chef, e geralmente sua atuação fica restrita à confeitaria. Gritos, manobras sutis, piadas machistas são comuns. Mesmo com um intensivo treinamento profissional, muitas mulheres desistem de trabalhar em restaurantes e tomam carreiras paralelas na gastronomia – criando buffets ou sistemas de entrega, fazendo festas particulares, escrevendo sobre comida.

Um reflexo dessa atitude perante as mulheres na cozinha pode ser visto nos programas de reality show dos dias de hoje, em que muitas vezes vê-se risinhos, piadas ou desprezo por mulheres que estão cozinhando. As coisas estão mudando lentamente, mas ainda falta muito para que a cozinha profissional de restaurante seja uma profissão aberta às mulheres. Escrever sobre isso é também uma forma de abrir caminhos e expor a absurda discriminação contra a qual os trabalhadores homens da área, por "tradição", compactuam.

El choripan de Cristina Kirchner e os nossos sanduíches de mortadela

Na Argentina existe um prato típico muito comum servido em todos os lugares, a qualquer hora. É o *choripan*, abreviação de *chorizo* e *pan*, linguiça e pão. O prato tem um apelido, pode ser também chamado de *chori*. O choripan é feito com uma linguiça geralmente assada na churrasqueira e servida no pão com molho *chimichurri*, uma espécie de vinagrete picante feita com salsinha, alho, cebola, tomilho, orégano, pimenta vermelha moída, louro, pimenta preta, mostarda em pó, salsão, vinagre e azeite – e algumas variações mais ou menos picantes. É um lanche barato, geralmente associado aos pobres, às partidas de futebol ou festas populares. Bom. Está profundamente associado às raízes da gastronomia argentina.

Com os anos de governo dos Kirchner, principalmente nos governos de Cristina, o choripan ficou associado a sua figura. O choripan se tornou uma metáfora para um governo popular, numa associação básica: os pobres comem choripan; Cristina governa para os pobres. Portanto, o governo de Cristina é o governo dos "choripan".

Para além dessa associação bastante rudimentar, um boato começou a se espalhar pelo país, reafirmado por uma enorme rede de *fake news*, de piadas de mau gosto, jornalistas sem escrúpulos da grande imprensa e uma intensa campanha subterrânea de publicidade na rede patrocinada pela direita. A campanha afirmava que quem ia aos gigantescos comícios do Partido Justicialista, de Cristina, ganhava um choripan e uma coca-cola grátis – sim, isso lembra muito algo que você viu acontecer no Brasil...

O boato ganhou tamanha proporção que, muitas vezes, ao longo dos últimos anos de luta contra as medidas de austeridade de Maurício Macri e contra a *lawfare* do Judiciário argentino, Cristina falou do choripan. Em agosto de 2017 , Cristina Kircherner fez um discurso debaixo de chuva. Estava lotado. Irritada com os memes sobre *choripan* e coca-cola que levariam os seus apoiadores às grandes manifestações, ela vociferava: "Hoje não temos choripan porque está chovendo. As *parrillas* estão apagadas". A frase se tornou símbolo da luta e da resistência ao governo neoliberal de Maurício Macri. As churrasquerias, as parrillas, estavam apagadas não apenas por causa da chuva, mas por causa das políticas recessivas neoliberais que não permitiam mais aos argentinos fazer um dos pratos mais baratos e apreciados pela gastronomia argentina, o choripan. O povo, com a economia em frangalhos, não podia comer nem seu amado choripan.

No Brasil, ocorreu algo semelhante com um sanduíche popular. Foi o pão com mortadela durante a campanha pelo impeachment de Dilma, em 2016. Pelas redes sociais, espalhavam-se notícias de que as manifestações de esquerda, que defendiam o governo eleito em 2014, pagavam os presentes com pão com mortadela. "Pão com mortadela" passou a significar preferência política de esquerda.

Mas, ao contrário da Argentina, em que o choripan é um prato nacional, no Brasil o pão com mortadela faz sentido apenas regionalmente em São Paulo. Ninguém imagina chamar militantes de esquerda de "mortadelas" no Nordeste ou no Norte.

Arrisco uma explicação para essa regionalização do pão com mortadela. Na Itália, mortadela é chamada de bolonha. A região de Bolonha, de onde vem o embutido, ficou conhecida como um dos lugares em que o Partido Comunista teve mais influência, desde antes da Segunda Guerra Mundial. Bolonha era, portanto, as duas coisas: o comunista e a mortadela. Chamar alguém de bolonha, de mortadela, portanto, era associá-lo ao comunismo. A associação atravessou o Atlântico com os imigrantes, que, desde o final do século 19, marcaram a vida cultural de São Paulo, onde se formou a maior colônia no Brasil. Numa cidade que se industrializava e em que a vida sindical e a defesa de ideias socialistas se confundia com essa presença italiana, a associação entre "esquerdismo" e "mortadela" estava dada pela simples tradução – e, provavelmente, atravessou décadas no linguajar operário antes de chegar às redes sociais.

Não sei se foi isso mesmo que aconteceu. *Se non è vero è ben trovatto,* diria minha avó calabresa, se não é verdade, é bem pensado, bem possível. O que me importa mesmo é que os pratos populares podem ser usados politicamente, com diferentes associações – e numa outra coluna, dia desses, vou falar de política e de pratos ligados à direita, como os brioches de Maria Antonieta.

No caso argentino, quando Cristina Kirchner, agora eleita vice-presidente, disse, sob chuva, que não era possível mais acender as parrillas para fazer o choripan, todos entenderam que era hora de mudar e que o neoliberalismo estava com seus dias contados. É a economia. No final, a fome e as panelas vazias sempre falam mais alto.

Parte III – Sabores, Mercadorias e Capitalismo

As guerras das bananas

Em 1944, quando a Segunda Guerra começava a ser ganha pela União Soviética e os aliados na Europa, uma pequena peça publicitária americana em formato de desenho animado anunciava a venda de uma nova fruta no mercado americano: a Banana. Num visual que lembra o de Carmem Miranda, turbante tropical na cabeça, uma banana chamada Chiquita cantava as vantagens da fruta.

Nos supermercados e nas cadeias de abastecimento, as bananas passaram a fazer parte do cotidiano na maioria das cidades estadunidenses. Na mesma época, uma profusão de sobremesas com bananas passaram a aparecer em livros, revistas para mulheres, anúncios de publicidade e programas de culinárias. As mais conhecidas eram o Banana Split, na qual uma banana aparece cortada ao meio e recheada por três bolas de sorvete e caldas doces, e a Banana Cream Pie, uma torta clássica francesa modificada, com massa crocante, recheio de baunilha, chantilly e, claro, bananas. A torta de banana fez tanto sucesso que se tornou o doce oficial das Forças Armadas americanas. Nos anos 1960, Banana Split se tornou o nome de uma série infantil da Hanna-Barbera, com personagens vestidos de bichos divertidos.

Por trás da disseminação do hábito de comer bananas, das tortas, dos sorvetes e receitas para papinha de bebê, se escondia, no entanto, a história da companhia que levou a banana para a América do Norte, a United Fruit Company (UFC).

O desenho criado pela United Fruit Company em 1944 teve como inspiração o filme do ano anterior estrelado por Carmem Miranda, *The gang's all here*, em que Carmem aparecia cantando "The Lady in the Tutti Frutti Hat". Apesar de ter as crianças como público alvo, a propaganda falava às mães, ensinando-as a deixar as bananas fora da geladeira e a comê-las maduras, quando têm pequenas manchas marrons na casca.

Sutilmente, a peça publicitária insinuava que pediatras recomendam a fruta para papinhas de bebês e que, por esse mesmo motivo, as bananas seriam também boas para os adultos. As bananas estavam se tornando um grande negócio nessa época.

Na verdade, estavam se tornando um negócio tão grande e importante economicamente que a United Fruit Company passou, ao longo da segunda metade do século XX, a controlar governos latino-americanos com mão de ferro, em nome dos negócios, contra o comunismo e pelo *American Way of Life*.

A história da United Fruit Company acompanha a história do capitalismo mundial desde meados do século XIX, crescendo até se tornar uma companhia gigante, que hoje detém mais de um quinto do mercado da fruta do mundo.

Essa história também é a da perda de sabor, variedade e espécie, a história de como uma fruta com muitas variedades e muitos sabores foi reduzida a uma forma hegemônica, com a monocultura da banana nanica dominando a quase totalidade do mercado internacional.

Da América Central para o mundo

A UFC foi criada por Lorenzo Dow Baker (1840-1908), um mercador americano, capitão de navio que saía de Boston e ia até a Jamaica negociar produtos tropicais na década de 1870. Esse tipo de comércio envolvia a venda de gelo, retirado dos lagos gelados perto da cidade, para os mercados tropicais, mas essa é outra história, para ser contada em outra coluna.

Lorenzo percebeu que os produtos que trazia no navio tinham grande aceitação no mercado local. Rapidamente se juntou a seu cunhado Elisha Hopkins e outros negociantes como Andrew W. Preston e, em 1885, fundou a Boston Fruit Company.

Em pouco mais de dez anos a companhia, extremamente bem-sucedida comercialmente, passou a ter muitos outros sócios capitalistas e, em 1899, tornou-se a United Fruit Company. A UFC passou a adquirir terras em países latino-americanos, criando grande *plantations* de banana e depois de abacaxi. Era conhecida como *Mamá Yunay*.

O tratamento dos trabalhadores envolvidos nas plantações de banana e sua comercialização em solo americano era cruel e violento.

A era dos massacres

Em 6 de dezembro de 1928, na Colômbia, na cidade de Aracataca, os camponeses fizeram uma greve pedindo melhores condições de trabalho e direitos sociais. Foram massacrados por militares colombianos, oficiais norte-americanos e agentes da companhia.

A empresa argumentava que os trabalhadores tinham tendências comunistas e subversivas e que precisavam ser contidos. Os acionistas da United Fruit Company pressionaram o governo americano a ajudar a pôr fim aos protestos. Os EUA, então, ameaçaram invadir o país. O governo conservador de Miguel Mendéz, alinhado aos interesses americanos, achou desnecessária a ajuda militar "oferecida", e enviou o próprio exército colombiano para massacrar os grevistas.

Mais de mil camponeses morreram no conflito, cujos corpos desapareceram, jogados no mar por oficiais do exército. O embaixador norte-americano Jefferson Caffery mandou um telegrama para Washington comemorando o massacre, que atualmente se encontra no National Archives de Washington: "Eu tenho a honra de informar que o assessor jurídico da UFC aqui em Bogotá disse ontem que o total de grevistas mortos por autoridades militares colombianas estava entre 500 e 600".

A partir desse conflito, torna-se explícita a estreita atuação ideológica da United Fruit Company junto do governo estadunidense. Atuariam juntos, governo e empresa, na repressão extrema e violenta a qualquer reivindicação trabalhista de camponeses ou trabalhadores da companhia.

Os limites entre intervenção estrangeira dos EUA e governos locais passariam a não existir mais – foi por isso que países latino-americanos passaram a ser conhecidos como "repúblicas de bananas", porque as elites se mantinham no poder ou caíam de acordo com sua relação com a United Fruit.

O escritor colombiano Gabriel Garcia Márques (1927-2014) nasceu na cidade de Aracataca e tinha um ano quando aconteceu o massacre. Muitos anos depois, na década de 1960, Gabo, como era conhecido o escritor que ganhou o prêmio Nobel de Literatura em 1982, ficcionalizou esse sangrento episódio no seu livro mais conhecido, *Cem anos de solidão*.

No livro, ele descreve uma cena na estação ferroviária da cidade. Mais de três mil trabalhadores esperam as autoridades no local. Chega o exército, que abre fogo contra multidão. Ninguém parece acreditar que os tiros são verdadeiros e não fogos de artifício. Olham petrificados, até que uma criança grita: "Aiiiii, minha mãe". Só então os trabalhadores se dão conta do ataque e começam a buscar abrigo.

A relação dos massacres e interferência política da United Fruit Company em países latino-americanos foi intensa ao longo do século XX. Na Costa Rica, em 1941, um escritor local, Carlos Luiz Fallas, fez uma edição caseira de um livro intitulado *Mamita Yunai,* que contava, também de forma romanceada, a atuação da companhia na região. O livro circulava de forma precária, em edições caseiras, passando quase que secretamente de mão em mão pelos camponeses que trabalhavam para a United. Numa das denúncias mais fortes da obra, Carlos contava que os trabalhadores que morriam de exaustão no trabalho, nos campos de bananas, eram enterrados na própria plantação, para servirem de fertilizantes para novos pés de banana.

O chileno Pablo Neruda também falou da atuação violenta da companhia e fez alusão a esse episódio no poema "La United Fruit Co.":

> Entretanto, pelos abismos
> açucarados dos portos,
> caíam índios sepultados
> na neblina da manhã:
> um corpo que rola, uma coisa
> sem nome, um número caído,
> um cacho de fruta morta
> jogada no lixo.

A era dos calotes

A United Fruit Company viu-se envolvida também numa série de escândalos financeiros.

Em meados dos anos 1970, o presidente da companhia pulou do edifício PamAm, em Nova York, depois da ocorrência de uma série de furacões que destruíram as plantações americanas.

Na mesma época, a empresa estava sendo acusada pelo governo americano de subornar autoridades de Honduras para baixar os impostos de exportação de bananas. Em Honduras, a UFC era chamada de "O polvo", dada as suas múltiplas ramificações pela sociedade local.

O escândalo foi tão grande que a negociação das ações da empresa tiveram de ser suspensas por uma semana na bolsa de valores americanas.

Entre as décadas de 1990 e 2000, uma série de medidas protetivas do mercado europeu fez com que a companhia perdesse muito do seu mercado, e a empresa quase faliu até ser comprada pela Cutrale-Safra, em 2014.

Os métodos de atuação da United, que mudou de nome para Chiquita Brans International nos anos 1990, porém, não mudaram muito. Em meados dos anos 2000, a companhia foi acusada de financiar milícias de direita na Colômbia.

Ataque à biodiversidade

O horror político e social da United Fruit Company contra os trabalhadores veio aliado a um desastre ecológico.

Existem cerca de 500 variedades de bananas no mundo, nem todas são comestíveis e poucas são comercializadas em larga escala para os países frios.

As bananas exportadas para a Europa e os Estados Unidos até os anos 1960/70 eram da variedade Gros Michel, que foi extinta por causa de um fungo letal chamado de Mal-do-Panamá, cujo nome científico é *Fusarium oxysporum f.* sp. *cubense.* Foi substituída pela variedade do subgrupo Cavendash, no qual se encontra a Nanica.

O mesmo está acontecendo outras bananas voltadas para a exportação nos dias de hoje, que sofrem com um novo fungo, o sigatoca-negra (*Mycosphaerella fijiensis),* e uma variedade ainda mais letal do Mal-do-Panamá.

Cientistas são unânimes em afirmar que foi a redução comercial da fruta a um subgrupo, o Cavendash, que limitou sua resistência. A monocultura da banana Nanica, pouco resistente a novos fungos, parece ir na mesma direção da Gros Michel. A incidência de pragas também faz com que os fazendeiros tenham que borrifar pesticidas até 40 vezes ao ano – o que gera custos elevados e possíveis doenças aos consumidores.

A aposta numa única variedade da fruta, na monocultura da banana nanica, permite com que as pragas se alastrem pelo mundo praticamente sem resistência. Apenas a diversidade das lavouras permite evitar o desastre ecológico da extinção completa de um grupo de bananas.

Isso sem falar da perda de sabor, de textura e de cheiros que isso acarreta para a gastronomia e para nossa comida em geral.

O mel e o fim das abelhas

Ilustração do manuscrito do século XIV, *Tacuina sanitatis*

Dizem os cientistas que as abelhas serão exterminadas. Uma política agrícola irresponsável, de uso intensivo de pesticidas e transgênicos, será responsável pelo fim dos insetos que fazem a polinização de 90% das flores e sementes.

A humanidade depende das abelhas para a agricultura, e a situação começa a ficar bem feia quando o governo americano inclui sete espécies de abelhas na lista de animais em extinção; no Reino Unido, o número de abelhas corresponde a apenas 25% do necessário para dar conta da polinização de vegetais e plantas. Um episódio de uma série de ficção científica bem conhecida, *Black Mirror*, tratou do problema da extinção das abelhas de maneira aterrorizante no episódio "Odiados pela nação".

A relação simbiótica das abelhas com os humanos começa ainda na pré-história, quando os homens caçavam e coletavam frutos, flores, sementes, ovos e mel na natureza. O mel foi um dos primeiros alimentos doces já provados pelo homem e aparece em diversos relatos bíblicos. Junto com o trigo (e o pão), as oliveiras (e o azeite) e o vinho, o mel faz parte da base da civilização cristã ocidental.

Há cerca de oito mil anos, nas paredes das cavernas de Araña, na região de Valencia, Espanha, foi feito um desenho de uma pessoa pendurada num cipó tentando alcançar uma colmeia para retirar o mel silvestre de dentro. Os sumérios do Vale do Rio Eufrates, no Oriente Médio, onde hoje fica o Iraque, cerca de 2000 a. C., escreveram numa tábua de argila uma receita médica para cuidar dos machucados: "Moer até que a areia do rio vire pó [...] e amassar com água e mel, azeite puro e óleo de cedro e colocar quente sobre a ferida". O trecho destaca as propriedades antissépticas curativas do mel.

No Antigo Testamento, várias vezes o mel é citado como sinônimo de abundância e da Terra Prometida. Numa passagem, Deus promete a Moisés que ele guiaria o povo Israel até a Terra Prometida, terra que "emana leite e mel" (Exodus 3:8). O mel faz parte das tradições gastronômicas judaicas, sendo consumido no Rosh Hashaná, o Ano Novo Judaico. Comer mel com maçãs ou chalá, uma espécie de pão doce redondo, é símbolo de um ano novo abundante e doce.

Na Roma Antiga, o mel era um dos condimentos mais importantes, sendo usado em temperos diversos e bolos de especiarias. Também servia para dar gosto a uma espécie de mingau de cereais, feito com a espelta ou o trigo, torrados e moídos e depois embebidos em água e leite. Numa variação chamada *puls punica*, acrescentavam-se queijo, mel e uma gema de ovo.

Na Idade Média, difundiram-se técnicas de preservação de frutas ou legumes no mel, ao mesmo tempo em que o açúcar, plantado na Sicília, começava a aparecer como uma opção para adoçar pratos. Na Península Ibérica, os povos árabes apreciavam iguarias adoçadas com mel, numa tradição que remonta ao Egito Antigo.

Mas o mel também está presente em outras culturas antigas, fora da Europa e do Oriente Médio. Na América, os Astecas comiam mel de manhã, num prato chamado atole, uma pasta de milho, mel e água quente, ou no chocolate temperado com mel e baunilha.

No Brasil, o mel faz parte da dieta cotidiana de diversos grupos indígenas. Na Amazônia, por exemplo, os Kaiapó acreditam num feiticeiro que mora nas nuvens e alimenta-se de mel. Perto do Rio Negro, os índios fazem um prato em que cortam um abacaxi em quatro, ralando-o junto com a casca. A massa é misturada num mingau de tapioca e cozida com mel para deixá-la mais doce.

Muitas vezes, o mel e as abelhas foram usados como metáforas para comportamentos humanos. Cedo se descobriu que as colmeias tinham uma rainha e a metáfora da colmeia serviu para justificar o poder de diversas monarquias europeias. A ideia era que, se na natureza encontramos abelhas servindo uma rainha, na colmeia, os homens deveriam fazer o mesmo. O trabalho coletivo das abelhas nas colmeias também serviu para diversas imagens e figuras de linguagem de movimentos sociais e socialistas em muitos lugares. A ideia do trabalho para coletividade era o que atraia os artistas para essa metáfora.

Colmeias e abelhas têm convivido com os homens desde tempos pré-históricos. Quando se destroem as colmeias e se matam as abelhas, os homens dão os primeiros passos para destruírem a própria história.

O sorvete e o racismo estadunidense

Para Maria Conceição Oliveira,
com quem eu aprendo sempre

Nos subúrbios americanos, durante o verão, uma camioneta com uma animada música chama as crianças para se refrescarem. Gerações e gerações de americanos passaram a reconhecer a música do caminhão de sorvete, e essa lembrança passou a ser uma das mais felizes da infância de muita gente. Mas a música da camioneta de sorvete guarda um segredo racista. Se hoje os caminhões tocam apenas a melodia, a letra original das músicas que as crianças ainda hoje ouvem fazia alusão ao personagem de Zip Coon, um "negro fanfarrão" que "não sabia seu lugar na sociedade".

Desde as primeiras décadas do século XX, conforme as cidades se expandiam para o subúrbio, com mães e crianças em vizinhanças sem muito comércio, camionetas de sorvete anunciavam o produto no auge do verão. As crianças corriam atrás desses veículos com suas moedas para comprarem o doce. Os caminhões de sorvete, assim como os de hot dog e os de hambúrgueres, tornaram-se símbolo da cultura americana.

As músicas tocadas desde os anos 1920 são duas versões de antigas quadrilhas sulistas – "Turkey in the straw" e "Ni**er love a watermelon ha! ha! ha!" Antigas companhias costumavam tocar as músicas em suas lojas também chamando as crianças e jovens como forma de entretenimento. "Turkey in the straw" ridicularizava Zip Coon. Já a letra de "Ni**er love a watermelon ha! ha! ha!" começa chamando os negros que, segundo a música, eram feitos de carvão, para tomarem sorvete – e o único sorvete que eles gostariam seria o de melancia.

Essas músicas, extremamente racistas, contribuíam para o ambiente que naturalizava as leis de segregação racial, que vigoraram até a década de 1960. Compostas na primeira década do século XIX, elas foram usadas como metáforas para negros ao longo de todo o século. Zip Coon tornou-se um sinônimo pejorativo de homens negros. Na música ele era um menestrel assim como Jim Crow, outro personagem de quadrilha que também tornou-se um sinônimo pejorativo de negro. A palavra "nigger" traz consigo tanto racismo e preconceito que foi praticamente banida do vocabulário – e as únicas pessoas a usá-las hoje em dia são notórios racistas e segregacionistas.

Jim Crow foi usado para nomear as diversas leis segregacionistas dos estados sulistas. Depois da Guerra de Secessão (1861-1865), em que a escravidão foi abolida em todos os Estados Unidos, esses estados aprovaram uma série de leis, chamadas de *Jim Crow Law*, que limitavam os direitos de negros, tanto de voto como da vida em sociedade. Essas leis teoricasmente diziam que brancos e negros eram iguais, mas deveriam estar separados – nas escolas, nas bibliotecas, nos restaurantes, parques, ônibus e na vida social. Na prática o que se verificou foi a instituição de um regime racista comparável ao apartheid sul-africano.

Mas Voltando ao sorvete. Na época em que as músicas tornavam-se corrente nos caminhões de sorvete, alguns estados sulistas também usaram as lei segregacionistas para proibirem os negros de tomarem sorvete de baunilha. Aos negros só estaria permitido tomar sorvete de baunilha no dia da independência americana, 4 de julho, como uma forma de reverenciar a cultura branca. Várias gerações de negros lembram-se do fato com espanto e tristeza.

Dentro do racismo estrutural do sistema americano, mencionar as músicas e atitudes racistas presentes no prosaico ato de tomar sorvete pode parecer menos importante ou até superficial. Mas são também em pequenos gestos da vida cotidiana que a batalha contra o racismo se faz essencial.

Capa da partitura "Jump Jim Crow", música de um espetáculo que deu o nome a leis racistas de segregação. Fonte: Domínio público/ Universidade de Virgínia

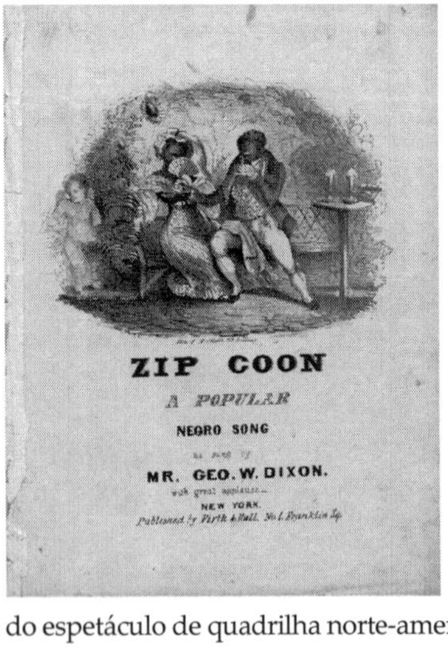

Capa de partitura do espetáculo de quadrilha norte-americana que mostra o personagem chamado de Zip Coon. O espetáculo estimulava o preconceito contra negros livres. Fonte: Detroit Public Library Digital Colletction

Sobre gelos, sorvetes e afins em cidades tropicais do século XIX ou sobre como o capitalismo cria novas necessidades para novos produtos

Na São Paulo de 1878, um dos jornais da cidade, *A Província de S. Paulo,* anunciava em suas páginas sorvetes, gelos e bebidas geladas servidas por estabelecimentos próprios, as sorveterias. Era um anúncio estranho, já que nessa época ainda não existia eletricidade na cidade. Sem geladeiras, como servir sorvetes e doces gelados? Essa foi uma das pesquntas que atormentaram como historiadora da alimentação. Era verão, em 5 de fevereiro de 1878, e o convite era explícito: "Haverá de hoje em diante, ao meio-dia, sorvetes, r. Direita, número 41". Estranho.

Com a crescente mudança do gosto e dos hábitos cotidianos no século XIX, que trouxe em seu rastro o consumo e a crescente popularização do sorvete, o gosto pelo açúcar, tradicional na cultura portuguesa, não se modificou. Ao contrário, no encontro das frutas brasileiras com gelo, o gosto pelo açúcar se acentuou.

A criação desses novos hábitos cosmopolitas não se restringia apenas à esfera da moda ou da sociabilidade. Com eles, nascia também um diferente tipo de consumo e abria-se a possibilidade do surgimento de diferentes ramos de indústria. A primeira, e mais evidente, a grande difusão do ramo de confeitarias, cafés, hotéis, restaurantes e bares. A segunda, a importação de produtos para serem servidos nestes estabelecimentos e, por fim, viu-se surgir uma indústria nacional voltada para a fabricação destes produtos servidos aqui, que incluiu fábricas de cerveja, de vinho, de águas gasosas e limonadas, de sorvetes e de gelo. E, já no final do século XIX, começam a ser produzidas no Brasil as caixas geladas e os recipientes para se fazer sorvetes.

A chegada do sorvete no Brasil marcou uma nova maneira de se fazer e de se consumir doces. O sorvete se popularizou com a expansão do capitalismo. Conforme foi conquistando paladares ao longo do século XIX, o doce gelado abriu caminho para uma nova indústria capitalista, que demandava braços para a "colheita" de gelo e, posteriormente, para as fábricas de gelo e sorvetes. Antes disso, das geleiras da Nova Inglaterra para os portos do Brasil, do Caribe e da Índia, os cubos de gelo movimentavam homens, máquinas e dinheiro por causa de um produto perecível, que se derretia e se tornava água, um luxo que, no final, acabava se tornando uma *commodity*, uma mercadoria com alto valor de troca.

Ainda não existiam geladeiras a motor no Rio de Janeiro, e nem mesmo a iluminação a gás estava plenamente instalada – o que ocorreria apenas em 1854 – quando o gelo para dois estabelecimentos cariocas vinha dos Estados Unidos em cubos ou lascas, cuidadosamente embalado em serragem e guardados na parte mais fria dos porões dos navios. Desembarcado, logo era transportado para covas fundas, as chamadas casas de gelo, mantidas sob a terra, ainda coberto por serragem. A perda podia chegar a 40% do peso inicial. Era um sistema caro, mas que se tornara popular quando as navegações a vapor se estabeleceram com regularidade e reduziram o tempo da travessia marítima de longa distância.

A exportação de gelo havia se tornado um dos grandes negócios dos capitalistas americanos. A tecnologia fora desenvolvida no final do século XVIII por Frederic Tudor (1783-1864), um empresário da Nova Inglaterra que investiu tempo e muito dinheiro para numa nova maneira de cortar, embalar e exportar a água congelada no inverno dos lagos perto de Boston. Tudor havia se aproveitado do fato de que os navios que chegavam com suprimentos vindos de outros lugares voltavam vazios – ou mesmo carregados de pedras, usadas como lastro. Enchê-los de pedras de gelo era, portanto, uma economia, já que os donos das companhias marítimas faziam um preço especial, muito mais barato, para o gelo da Tudor Ice Company. A ideia de Tudor deu certo e ele acabou por se tornar conhecido como o "Rei do gelo".

Ao otimizar a extração de uma mercadoria que já existia na natureza (afinal, os lagos ao redor de Boston ficavam congelados todos os anos desde tempos imemoriais), embarcá-lo em navios e distribuí-lo por cidades quentes que nunca haviam conhecido o produto, podemos ver hoje o empreendimento de Frederic Tudor quase como um clichê do capitalismo: vendia água em estado sólido para quem nunca havia visto algo assim. Ao longo do caminho o gelo derretia, mas o pouco que chegava ao porto de destino valia muito.

O século XIX e o capitalismo são pródigos em criar novas necessidades. Frederic Tudor trabalhou com uma mercadoria que literalmente derretia e desaparecia, mas poderia valer muito se consumida a tempo, isto é, gelada. Como a população dos países tropicais nunca havia consumido nada parecido, foi preciso também criar uma demanda por produto novo, o gelo.

O negócio do gelo de Tudor funcionou e, em pouco tempo, toda uma indústria que vivia da extração de lagos gelados estava formada no norte dos Estados Unidos. Em meados do século XIX, as companhias que vendiam e exportavam gelo passaram a ser tão conhecidas – e sofrer com tanta concorrência – que faziam propaganda de qual era o melhor rio para se tirar o gelo.

Esse tipo de negócio prosperou até quase os fins do século XIX, quando essas companhias passaram sofrer a concorrência cada vez maior das fábricas de gelo. Mas para a história do capitalismo isso já não importava mais. Estava criada uma nova necessidade – e uma nova mercadoria: o gelo.

Cauim, a bebida ritual

O cauim é uma bebida indígena feita da fermentação da mandioca. São as mulheres as responsáveis por mastigar a mandioca cozida e devolvê-la para potes de cerâmica, aonde ficam por alguns dias. As enzimas e bactérias presentes na saliva fermentam o conteúdo dos potes e os transformam numa bebida leve, com pouco teor alcoólico, quase uma cerveja. O nome vem do tupi, *kaüí*.

O cauim não é a única bebida feita dessa forma. Outros povos descobriram essa técnica de fermentação e a usaram para fazer bebidas alcóolicas diferentes épocas históricas. Os japoneses, por exemplo, faziam o saquê de modo semelhante maneira até a o século V a.C.

Ao chegar em terras brasileiras, em 1556, o viajante Jean de Lery (1534-1611) comentou o aspecto da mastigação na feitura do caium, ressaltando as repugnâncias e preferências europeias e indígenas. Seu relato de viagem foi publicado no livro *Viagem à terra do Brasil*, editado em 1578 em La Rochelle, na França. Ele escreveu:

> *Para esses leitores que repudiam a ideia de beber o que outra pessoa mastigou, deixe-me lembrá-los de como nosso vinho é feito pelos camponeses, que amassam as uvas com os pés, às vezes usando botas; algo que pode ser menos agradável que a mastigação de mulheres americanas. Assim como dizem que a fermentação purifica o vinho, podemos assumir que aquele cauym se limpa também.*

Num primeiro momento, Jean de Lery e seus companheiros de viagem tentaram fabricar uma espécie de cauim sem a parte da fermentação da saliva, por considerá-la repulsiva. Não certo. Com o passar do tempo, eles se acostumaram com a bebida indígena e foi nesse contexto, após refletir como era feito, o vinho europeu, que escreveu o texto acima.

Para se fazer o cauim, pedaços finos de mandioca são fervidos até ficarem bem cozidos e, aí, se deixa esfriar. Então as mulheres e meninas se reúnem ao redor da panela; levam uma porção até a boca, mastigam bem, ensalivam e botam a porção em um segundo pote. Daí, entram as enzimas da saliva, que convertem essa pasta em açúcares fermentáveis. Os homens acreditam firmemente que se eles fossem mastigar a pasta, a bebida resultante não seria boa.

A pasta de raiz mastigada é recolocada na fogueira para ferver lentamente, mexida com uma colher de pau até cozinhar. Por fim, a pasta é transferida para grandes potes de barro, para fermentar. O amido quebrado pelas enzimas presentes na saliva então fermenta. A bebida resultante tem gosto de leite azedo, tendo sedimentos como o vinho. Há variedades claras e escuras de cauim. A bebida pode ser misturada com várias frutas. A semelhança com a cerveja advém por causa da técnica de fermentação, que também pode ser utilizada com milho. Essa associação com a cerveja é lembrada hoje em algumas marcas de cerveja alternativas brasileiras.

O caium é servido em festas rituais indígenas até os dias de hoje. A bebida é consumida preferencialmente morna. As mulheres a colocam em potes de barros fabricados por elas mesmas, que são colocados em cima de uma fogueira, na parte central da aldeia. É preciso mexer o cauim o tempo inteiro, mesmo enquanto os participantes da festa são servidos. Os homens recebem o cauim enquanto dançam. Estes devem esvaziar as tigelas em um gole e, geralmente, consomem vinte porções em uma única festa. As mulheres devem bebericá-la, saboreando-a.

Preparação do cauim, por Jean Ferdinand Denis em 1837

Uma pequena história da cerveja no Brasil

Cervejaria Ritter e Filhos na *Belle Époque*: imigração e mudança de gosto

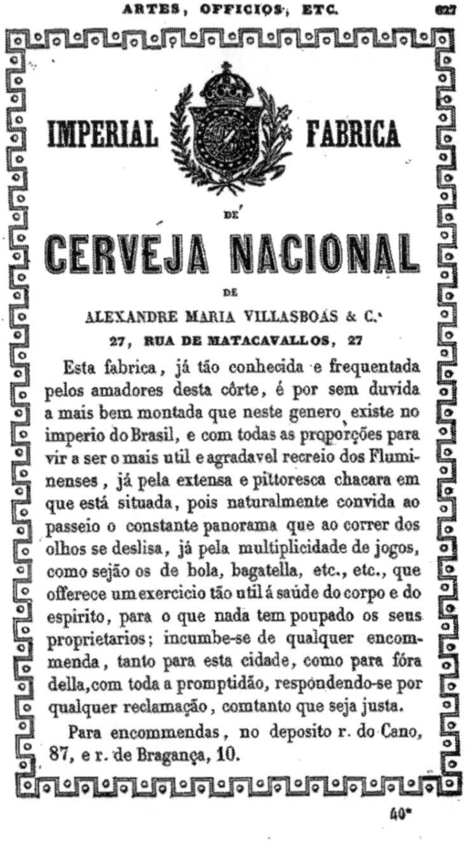
ARTES, OFFICIOS, ETC. 627

IMPERIAL FABRICA

DE

CERVEJA NACIONAL

DE

ALEXANDRE MARIA VILLASBOAS & C.ª

27, RUA DE MATACAVALLOS, 27

Esta fabrica, já tão conhecida e frequentada pelos amadores desta côrte, é por sem duvida a mais bem montada que neste genero existe no imperio do Brasil, e com todas as proporções para vir a ser o mais util e agradavel recreio dos Fluminenses, já pela extensa e pittoresca chacara em que está situada, pois naturalmente convida ao passeio o constante panorama que ao correr dos olhos se deslisa, já pela multiplicidade de jogos, como sejão os de bola, bagatella, etc., etc., que offerece um exercicio tão util á saúde do corpo e do espirito, para o que nada tem poupado os seus proprietarios; incumbe-se de qualquer encommenda, tanto para esta cidade, como para fóra della, com toda a promptidão, respondendo-se por qualquer reclamação, comtanto que seja justa.

Para encommendas, no deposito r. do Cano, 87, e r. de Bragança, 10.

40*

A Imperial Fábrica de Cerveja Nacional, na rua Matacavalos, Rio de Janeiro

Até meados do século XIX, a cerveja era uma bebida praticamente desconhecida dos brasileiros, notórios bebedores de aguardente. Algumas garrafas começaram a chegar na corte com mais regularidade depois da abertura dos portos, em 1808. Vinham da Inglaterra ou da Alemanha e logo conquistaram os consumidores de elite. Aos poucos, a cerveja passou a concorrer seriamente com a cachaça pela preferência dos consumidores ricos de bebidas alcoólicas. Tornou-se um negócio lucrativo, com a montagem de fábricas e um consumo crescente. Para entender a mudança de gosto nos padrões mundiais de cerveja ao longo do século XIX, é preciso uma pequena pausa para explicar as diferentes técnicas de produção da bebida e, em especial, a diferença entre as cervejas de baixa e alta fermentação.

As boas cervejas eram importadas. Primeiro da Inglaterra, que dominou o mercado brasileiro na primeira metade do século XIX e era grande fabricante com tradição de exportação e marcas como a Porter ou a Pale Ale. A cerveja Porter, feita em Londres, inclusive, já empregava maquinário a vapor e métodos avançados de produção na sua fabricação.

A cerveja é uma bebida produzida a partir da fermentação de amido, na forma de cereais. Consumida desde os tempos dos sumérios, várias foram suas técnicas de fabricação e produção. Também, ao longo dos séculos, várias foram as tentativas de se fazer cerveja com diferentes cereais, como o arroz, o milho, a aveia ou a cevada, que se mostrou a mais apropriada ou cujo gosto final era melhor.

Antônio Houaiss, consumidor e estudioso da bebida, afirma que foi a partir do uso do lúpulo que a cerveja entrou na modernidade. Ele dá, inclusive, uma sequência bastante didática dos passos básicos da fabricação da bebida nos dias de hoje. Segundo o estudioso, são necessárias 17 etapas entre a fabricação e o consumo. "1. presença da cevada, 2. germinação da cevada, tornada malte, 3. tostação da cevada, com o que se obtém, do malte verde, o malte tostado, ou simplesmente malte, em sentido estrito, 4. moagem do malte para se obter a farinha de malte, 5. recipiente aquecido de empastagem do malte, pela adjunção de água, 6. na caldeira de filtração, filtragem da massa, para obtenção do mosto, 7. aquecimento ou ebulição do mosto, com adjunção do lúpulo, 8. esfriamento prévio e decantação do mosto, 9. centrifugação, 10. refrigeração do mosto, 11. fermentação, com adjunção do levedo, donde se obtém a chamada cerveja verde, que segue para 12, a maturação em tanques de guarda, donde sai cerveja, 13. que é filtrada, daí saindo para 14a. os barris de chope ou 14b. o engarrafamento e por fim, 15. a pasteurização [...], 16. a distribuição e 17. o consumo."

Ainda que as técnicas tenham variado ao longo do tempo, o processo de fabricação de uma cerveja caseira é bastante semelhante e muito parecido com o que deveria ocorrer nas fábricas no século XIX. A alta ou baixa fermentação da cerveja acontece no começo do processo, antes da obtenção do mosto, que é alma da cerveja. Existem duas ou três fases de fermentação, com adjunção de levedo, que é obtido a partir de microorganismos (como no pão). É nessa fase de fermentação que acontece a diferenciação entre as cervejas.

As cervejas de alta fermentação são chamadas de *Ales*, hoje identificadas com as cervejas inglesas e irlandesas, mais escuras e com um sabor pronunciado de cereais e ésteres, produzidos durante a fermentação. Em geral, não se usa lúpulo nessas cervejas, que podem ter um aroma de fruta, com baixo teor de gás carbônico e que devem ser servidas em temperaturas mais elevadas. Essas cervejas eram as variedades produzidas e importadas para o Brasil no século XIX, já que as máquinas de refrigeração não eram comuns e são absolutamente necessárias para se produzir cerveja de baixa fermentação.

As cervejas de baixa fermentação, as *Lagers*, eram consumidas na Europa Central desde o final da Idade Média. Ainda hoje é o tipo de cerveja mais produzido pela indústria. A grande diferença entre as duas bebidas é a fermentação utilizada.

Lager, em alemão, significa "armazenar", e esse tipo de bebida precisa de um tempo de armazenamento antes de ser consumido. Enquanto as *Lagers* começam seu processo de fermentação em temperaturas mais baixas, entre 7°C e 12°C, as *Ales* precisam de temperaturas mais altas, que variam de 15°C a 24°C. Outra diferença importante é que a fermentação das *Ales* deixa resíduos que se acumulam no topo do tanque de fermentação.

As cervejas alemãs da Boemia e da Baviera, que começaram a chegar ao Brasil em maior quantidade no final do século XIX, eram do tipo *Lagers*. Em comparação com cervejas de alta fermentação, o resultado da bebida de baixa fermentação era uma cerveja leve, mais clara, com melhor sabor e mais bem conservada. Foi esse tipo de bebida que acabou se tornando a preferência dos consumidores no mundo no século XIX, inclusive no Brasil.

A grande exportação das cervejas *Lagers* desde meados do século XIX foi resultado, em grande parte, da Revolução Industrial, já que esse tipo de bebida precisava do desenvolvimento de sistemas complexos de refrigeração e armazenamento. A escala de produção também aumentou significativamente com a introdução das máquinas de vapor inglesas. De qualquer forma, com a importação do produto alemão o consumo de cerveja no Brasil só aumentou, saltando de cerca de 66.700 hectolitros em 1876 para cerca de 300.000 hectolitros, em 1900.

Mas a grande importação de cerveja alemã no Brasil durou até o final do século XIX, mais precisamente 1896, quando o governo brasileiro anunciou um aumento de quatro vezes nos impostos referentes às cerveja importadas.

Existiam outros tipos de bebidas mais ou menos derivadas da cerveja e que faziam grande sucesso na época. Era o caso da gengibirra, teoricamente, feita de gengibre, açúcar e água gaseificada (o gengibre nem sempre era adicionado às receitas). A bebida fazia parte do rol de produtos ingleses exportados para o Brasil, ao lado da cerveja Porter. Logo foi produzida no Brasil, com grandes variações nos ingredientes. Segundo Câmara Cascudo: "Uma dessas bebidas, a chamada 'caramuru', feita de milho socado, gengibre, casca de limão e água. Outra, a gengibirra (que quando abre logo espirra), era feita de farinha de milho, gengibre, casca de limão e água, e vendida a 80 réis a garrafa ou botija louçada. Eram as bebidas de água preferidas pelas crianças".

Câmara Cascudo dá outra receita para a gengibirra. A bebida, "popularíssima", chamava-se *ginger beer*, em inglês, cerveja de gengibre. "Faziam-na no Brasil... sem gengibre. Água, açúcar, sumo de fruta, cremor tártaro, um fermento, ácido cítrico, conseguiam uma bebida leve, clara, espumante, saborosa, champanhe nacional, gabada do Amazonas ao Plata, do Rio Grande ao Pará."

Com o tempo e a popularização, a cerveja acabou por se tornar um produto popular. No *Cozinheiro Nacional*, de, o autor, anônimo, ensinava às donas de casa: "No interior do Brasil usam dar cerveja depois do doce; sendo este um costume bárbaro que peca tanto contra o gosto, como contra a higiene, posto que seu preço iguale ao do vinho, sempre é considerada como uma bebida pouco decente, e só é própria para botequins; a cerveja só deve ser tomada como refresco em dias de calor e longe das comidas".

O chocolate e as guerras

Propaganda soldado americano durante a II Guerra com sua ração de chocolate

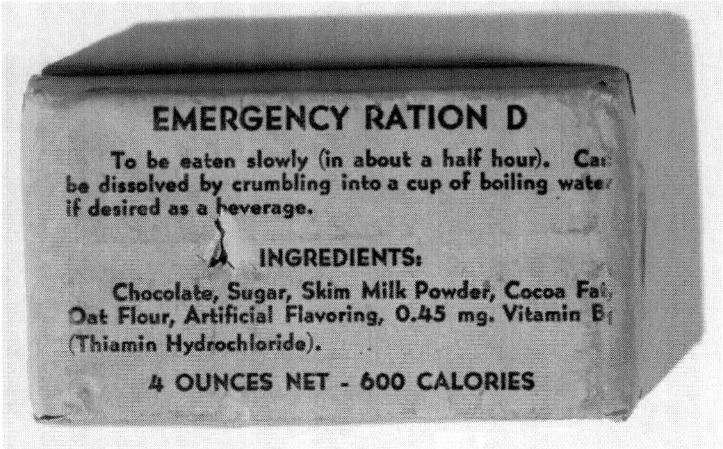

Barra de chocolate carregada pelos soldados americanos na II Guerra comida para o Dia D

Mais de 160 mil soldados aliados desembarcaram nas primeiras horas da manhã nas praias da Normandia no dia 6 de junho de 1944. Estavam determinados a expulsar os nazistas alemães da França e participar da derrocada do III Reich, tarefa que no front oriental já vinha sendo cumprida pelas forças soviéticas. Foi uma das maiores operações de guerra do Ocidente. Nas mochilas dos soldados uma variedade de itens de guerra e de sobrevivência, incluindo uma barra de chocolate bastante calórica. O gosto do chocolate não era muito bom, mas, ainda assim, era chocolate. Estava lá, como um último refúgio para onde os soldados se voltariam numa hora de perigo ou necessidade. O comando do exército sabia que hordas de soldados morreriam nas primeiras horas do assalto às praias francesas. Aos soldados foi servido um lauto café da manhã pouco antes da batalha, o que chegou a deixar alguns soldados enjoados. Mas não importava. A comida, como sabemos, muitas e muitas vezes serve como consolo, aliviando tensões.

O chocolate traz consigo algumas ideias que nasceram com sua história na Europa. A primeira é a associação com o sexo. Consumido no México na forma líquida desde os tempos imemoriais, o chocolate foi levado para a Europa pelos espanhóis como um dos produtos do Novo Mundo. As sementes forneciam uma espécie de manteiga. A ela eram acrescidos temperos, como pimenta, pimentão, urucum, cogumelos alucinógenos – o próprio chocolate também era considerado um medicamento quase mágico.

Carlos V recebeu chocolate do conquistador Hérnan Cortez e o deu à sua corte para provar. A princípio, não gostaram. Mas, com o tempo, a corte espanhola caiu de amores por aquela bebida estranha e abundante – e a importação das sementes de cacau, matéria-prima do chocolate, torna-se regular a partir de 1585. Com o desenrolar da colonização, algumas freiras de Oaxaca, responsáveis por adaptarem plantações de cana-de-açúcar, tiveram a ideia de juntar o açúcar à bebida. Com isso, o gosto pelo chocolate tomou de vez a Espanha.

O chocolate era bebido pelas damas da corte de manhã, ainda no quarto. Com isso, começou um intenso debate sobre se chocolate era ou não um alimento que quebrava o jejum antes da missa ou nos dias santos. Teólogos e estudiosos chegaram à conclusão de que tomar chocolate pela manhã não quebrava o jejum, ou seja, ele podia ser consumido sem culpa nenhuma. Com isso a associação do chocolate com esse momento íntimo das damas espanholas tomando a bebida açucarada em seu quarto pela manhã se consolidou, tornou-se uma imagem corrente. Assim, quando a princesa Maria Teresa casou-se com Luís XIV, em 1660, o gosto pelo chocolate saiu da Espanha e tomou a corte francesa, rapidamente tornando-se uma moda.

O chocolate era caro, duas ou três vezes o preço do café ou do chá. Associado às ricas cortes espanhola e francesa, o chocolate adquiriu uma aura de sofisticação e riqueza. Logo, as árvores de cacau passaram a ser cultivadas em países como a Venezuela e a Jamaica. Desde que passou a ser comercializado em formato de barra, no século XIX, essa associação ficou evidente nas embalagens, muitas imitando ouro ou prata.

Outra ideia se associou à fabricação dos chocolates em barra em meados do século XIX. Lentamente, o chocolate em barra tornou-se um doce para crianças. Uma grande indústria se desenvolveu a partir de sua fabricação, e companhias se tornaram grandes conglomerados do setor da alimentação, como a Hershey's nos Estados Unidos e as suíças Nestlé e Lindt.

O chocolate carrega consigo uma história que mexe com os sentimentos das pessoas. Quando um soldado, no meio da batalha do desembarque da Normandia, abria sua barra de chocolate, ele inconscientemente abria também um pacote de emoções e muitas histórias envolvidas no processo: a luxuosidade sensual do chocolate quente espanhol, o sabor da infância no consumo de um doce especial, a ideia de um último desejo. Da mesma forma que o soldado na guerra, em grandes tragédias como a que vivemos na pandemia do Coronavírus, nesta guerra contra a Covid-19, a busca por chocolate traduz a depressão, a tristeza, essa ideia de último desejo antes de o mundo acabar.

A história da palmeira imperial no Brasil

D. João VI inaugurou o Jardim Botânico do Rio de Janeiro em 1809 pouco tempo depois de chegar ao Brasil. Embalado pela necessidade de aclimatação de novas plantas e em busca de novos produtos, o Jardim Botânico foi uma necessidade econômica desde que nasceu sob a guarda do Ministério dos Negócios de Guerra. Logo na inauguração dizem que d. João VI foi o grande incentivador do plantio da Palmeira Imperial, cujo nome científico é *Roystonea oleracea*.

A palmeira imperial tem origem nas Antilhas e sua aclimatação no Brasil pelo imperador português exilado é um exemplo da intensa troca de sementes, mudas e plantas que ocorreu no mundo desde o final do século XVI e ao longo de todo o século XIX. Das Antilhas, seu berço de origem, a palmeira foi aclimatada pelos franceses no Jardim Botânico *La Gabriellle*, na Guiana Francesa, depois foi aclimatada no *Jardin de Pamplemousse*, nas Ilhas Maurício.

Os países então viviam uma corrida atrás de produtos do Novo Mundo que poderiam gerar riqueza: foi assim com a aclimatação do chá e do café. E esse vai e vem de plantas muitas vezes resultavam em guerra ou escamuraças entre as nações. Muitas histórias estranhas e segredos envolvem a chegada da *Roystonea oleracea* ao Rio de Janeiro. Uma delas conta que a palmeira imperial de d. João VI foi um presente de um dos sobreviventes de uma fragata, o oficial da Armada Real, Luís Vieira e Silva. Esse exemplar teria vindo do *Jardin de Pamplemousse*, nas Ilhas Maurício.

A outra história é mais interessante. Exatamente em 1809, estourou uma crise do governo português com a Guiana francesa – lembrando que d. João VI se exilou no Brasil para fugir de Napoleão, que estava invadindo Portugal. No Brasil, aliado dos ingleses, d. João se viu impelido a enfrentar uma espécie de guerra nos trópicos. D. Rodrigo de Souza Coutinho, então Conde de Linhares e ministro de guerra e relações exteriores, estava decidido em levar à "ruína total" a Guiana.

Outro político da época, Manuel Arruda Câmara, médico e botânico, tinha outras ideias e achou que o jardim de aclimatação de lá era de grande valor para o Brasil e devia ser preservado e enviado pra cá. Na escaramuça, vieram contrabandeadas para o Brasil diversas mudas, inclusive de chá e de café. E no meio daquele maravilhoso e valioso jardim estava a palmeira plantada no Jardim botânico do Rio por d. João.

Assim, a primeira palmeira *Roystonea oleracea* plantada no Brasil foi chamada de *Palma Mater* e logo apelidada de palmeira-imperial. A palmeira foi então incorporada ao panteão de símbolos do império brasileiro, mesmo que tivéssemos outras palmeiras nativas. Essa Palma Mater de d. João floresceu pela primeira vez em 1829, quando já éramos independentes de Portugal. Reza a lenda que dela descendem todas as palmeiras imperiais brasileiras. A palma mater foi destruída por um raioapenas em 1972.

O imperador d. Pedro II usou a palmeira imperial como símbolo de poder e de distinção real. Ele presenteava nobres, homens de negócio, letras ou ciência com sementes de palmeira imperial que então eram replantadas em fazendas ou cidades pelo país. Assim, quando chegamos numa antiga fazenda de café e vemos o caminho que dá na Casa Grande ladeado por palmeiras imperiais podemos entender que a aquele fazendeiro havia caído nas graças do imperador em algum momento de sua vida e exibia para todos os favores reais que recebido em forma de palmeira.

Bom, essa é a história oficial. E muitas vezes é verdade em diferentes fazendas ou cidade do país. Mas como o símbolo de distinção era muito forte e causava muito impacto, os jardineiros do Jardim Botânico costumavam traficar sementes ilegais. Ou seja, quem podia pagar, recebia algumas sementes que não haviam passado pelo crivo e benção do imperador. Eram sementes ilegais, mas funcionavam do mesmo jeito – impondo respeito, mostrando poder e riqueza.

A perigosa história dos jardins botânicos ao redor do mundo

Hoje, os jardins botânicos são lugares de conhecimento, de relaxamento e proximidade com a natureza. Nem sempre foi assim. A história dos jardins botânicos ao redor do mundo está intimamente ligada à história da Botânica das disputas políticas e econômicase conhecimento humano. Da China aos gregos da Antiguidade, a ideia de recolher num só lugar espécies de várias localidades foi uma constante. Arqueólogos encontram vestígios de antigos jardins de plantas no Egito Antigo, em Creta, na Mesopotâmia, no México. Todos esses jardins, tinham, primeiramente, uma função medicinal. As plantas, na época, eram remédios.

Essa seleção humana de plantas também esteve ligada às guerras por territórios, em que uma vez conquistado o inimigo era preciso recolher os tesouros – entre eles estavam diversas variedades botânicas que poderiam se transformar em alimento, entretenimento, remédio ou deleite visual. Dessa forma, com o tempo, os jardins de palácios passaram a receber espécies de diferentes lugares, algumas vezes transformando-se eles mesmo em pequenos e privados jardins botânicos.

Nos séculos XVI e XVII, na Europa, a ideia de se cultivar jardins medicinais se espalhou pelo continente. Em alguns lugares, as plantas eram expostas como troféus de guerras; em outros ganhavam contornos de lazer e desfrute. Em Paris, nesse período, o médico de Luís XIII, Guy de La Brosse, foi o criador de um desses Jardins Medicinais, inicialmente usado para remédios e fármacos, que se transformaram com o tempo em um vistoso Jardim Botânico, que hoje se chama *Jardin des Plantes* e fica localizado num bairro do centro da capital francesa.

Foi apenas no século XVIII quando o Iluminismo tomou conta dos corações e mentes da Europa, que os jardins medicinais se transformaram em locais de estudo e ciência. O filósofo Jean-Jaques Rousseau ajudou a difundir a ideia de exaltação da natureza, que contribuiu tanto para alertar para a necessidade de se plantar árvores na cidade como para a criação de um lugar de estudo de plantas. A aclimatação de plantas tornou-se uma ciência e se desenvolveu ao lado da botânica.

Nesse furor científico que acometeu a Europa no período, a influência do botânico, zoólogo e médico sueco Carlos Lineu (1707-1778) foi dominante. Lineu criou um sistema de classificação de todas as coisas vivas, plantas ou animais. Seu método foi muito eficiente para agrupar semelhantes e distinguir diferenças biológicas, ajudando outros pesquisadores em pesquisas. Em Uppsala na Suécia restaurou, em 1741, de acordo com seu sistema de classificação, o Jardim Botânico de sua Universidade, recolhendo espécies de todo o mundo e interagindo com outros cientistas.

Na Inglaterra em 1840 foi inaugurado o Kew Gardens, um dos maiores jardins botânicos do mundo, com 8,5 milhões de espécies de todo o globo. Desde 1772, o Kew Gardens era uma reunião de jardins de nobres, que já trazia a ideia de colecionar plantas e dispô-las de maneira ordenada. A enorme variedade de plantas e seu contínuo aumento de espécies traduzia o poder econômico inglês da Revolução Industrial no século XIX. Com a Inglaterra dominando o mundo, espécies raras e remotas eram trazidas para serem aclimatadas e desenvolvidas ali.

Mas a parte científica era apenas uma das funções do Jardim Botânico. Conforme as viagens marítimas aumentavam, a troca de espécies valiosas tornou-se um negócio lucrativo. Plantas podiam se transformar em commodities preciosas e esse processo se intensificou no século XVIII. Se a guerra de conquista tradicional não funcionava, podia-se dar outros jeitos. Por isso, o açúcar, o café, o chá e o chocolate foram aclimatados em diferentes partes do mundo, transformando-o de maneira irreversível.

A guerra pelas plantas podia também se tornar violenta e perigosa, com navios piratas contrabandeando espécies por todo o globo. Foi dessa maneira que as folhas de chá chegaram à China, numa tentativa inglesa de adaptar a planta originária da Índia. Foi dessa maneira também que a cana-de açúcar foi parar nas Antilhas e no extremo oriente. Ou que o café veio dar no Vale do Paraíba no começo do século XIX.

O Jardim Botânico do Rio de Janeiro foi o primeiro do Brasil, aberto em 1808, com a chegada de d. João VI ao Reino Unido de Portugal, Brasil e Algarve. O local escolhido era uma antiga fábrica de pólvora, propriedade de Rodrigo de Freitas, que dava nome a uma grande lagoa na região.

Desde de sua implementação o propósito era claro. No decreto de criação de 1811 estava escrito que d. João "Manda tomar posse do engenho e terras denominadas da Lagoa Rodrigo de Freitas, para criar naquele espaço o Jardim de Aclimação, com a finalidade de aclimatar as plantas de especiarias oriundas das índias Orientais: noz moscada, canela e pimenta do reino.

As primeiras mudas eram de especiaria contrabandeadas de várias partes do mundo. Mas d. João VI tinha um plano econômico, trazer eram mudas de chá, Camellia sinensis, para transformar o país num produtor e exportador de chá, quebrando o monopólio chinês. Com as mudas vieram 300 chineses, encarregados de plantá-las e cuidar de sua aclimatação no país – mas estava é uma outra história, para outra ocasião.

O certo é que o jardim botânico era tão importante para o país que ele foi criado subordinado ao Ministério dos Negócios de Guerra até que, em 1822 passou a fazer parte do Ministério dos Negócios do Reino, explicitando sua função econômica. Em 1809 estoura uma crise do governo português com a região que conhecemos hoje como Guiana francesa. D. Rodrigo de Souza Coutinho, então Conde de Linhares e ministro de guerra e relações exteriores, estava decidido em levar à "ruína total" aquela colônia mesquinha. Outro político da época, Manuel Arruda Câmara, médico e botânico tinha outras ideias e achou que o *jardim de aclimatação* de lá era de grande valor para o Brasil e devia ser preservado. Assim foi feito e chegaram aqui as primeiras mudas de noz moscada, cravo, fruta-pão e possivelmente carambola e fruta-do-conde.

As enormes alamedas dos Jardins Botânicos, com suas espécies vicejantes, suas árvores sensacionais, sua calma e flores exuberantes, escondem uma história intrincada, de saques, pirataria, planos econômicos mas também e ciência, vida e arte.

O estranho caso da Supergel

No dia 14 de março de 1968, uma quinta-feira, a primeira página da *Folha de S.Paulo* anunciava a abertura de uma nova grande empresa na cidade, a Supergel. Com a manchete "Indústria vai fazer 150 mil almoços diários", a pequena nota no pé da capa chamava para a matéria da página 15.[1] A Supergel era, de fato, um empreendimento notável para época – podia ser mesmo classificada de "super".

Inspirada pelo mercado de alimentos gelados americanos, a Supergel nascia com o símbolo da modernidade. Prometia vender refeições congeladas, balanceadas nutricionalmente e com um gosto surpreendente. "Efetivou-se ontem na assembleia realizada pelos acionistas da empresa "Produtos alimentícios Supergel' a materialização da ideia de dotar São Paulo de uma fábrica de alimentos supergelados, que serão entregues ao consumo em fábricas, hospitais, bancos, companhias de aviação, e em outros setores".[2]

1 *Folha de S.Paulo*, 14 de março, de 1968, p. 1.

2 *Folha de S.Paulo*, 14 de março de 1968, p. 15.

Logo em seguida vinha a composição acionária da nova empresa: "A iniciativa, pioneira em nossa capital, tem o apoio do Grupo Ultra, representado pelo sr. Peri Igel, do grupo Sebastião Ferraz de Camargo Penteado, do grupo Lion, do Investbanco, que tem a frente o sr. Roberto de Oliveira Campos, e do Grupo Mellão, do Banco Brasul".[3] A Supergel começaria com um capital de 3,2 de Cruzeiro Novos, servindo cerca de 52 mil refeições congeladas diárias. Os acionistas estavam otimistas e pretendiam ampliar a fábrica em breve, passando a servir 150 mil refeições por dia.

Pouco tempo depois, nas celas do DOI-CODI na rua Tutoia da capital, os presos políticos começaram a receber as bandejas com o tal alimento supercongelado. Era uma época em que as empresas olhavam o futuro com otimismo, buscando soluções científicas e futuristas, impulsionados pela corrida espacial e pela chegada do homem à Lua. A Supergel falhava com a dona de casa comum – e os acionistas buscavam um novo mercado, o dos presos. Começaram os testes pelos presos políticos.

Comida na prisão nunca foi feita para ser gostosa ou ao menos nutritiva, servia, e ainda serve, para o controle, a subjugação e para os castigos dos detentos. Presos especiais, os militantes das organizações de esquerda dos anos 1960 e 1970 serviram de cobaias para mais um empreendimento das empresas que apoiavam a ditadura. A comida congelada prometia ser mais barata e mais fácil

---

3 *Folha de S.Paulo*, 14 de março de 1968, p. 15.

de ser servida, vindo pronta para a carceragem, só precisando ser requentada.

As donas de casa do período abraçaram a novidade que eram os supermercados, também lançados nessa época, e rejeitaram a comida congelada. A empresa estava prestes a falir quando as alianças de seus acionistas tentaram salvar o empreendimento – todos os sócios ajudaram a financiar a repressão mais violenta de ditadura militar de uma maneira ou de outra.

Pery Igel, do grupo Ultra, era um frequentador das sessões de tortura do DOI-CODI, Sebastião Ferraz de Camargo Penteado, do grupo Lion, foi um dos frequerntadores do almoços em que se arrecadavam verba para a montagem da Operação Bandeirantes e consequentemente do DOI-CODI, Robeto Campos ex-ministro e futuro senador, era um dos todo poderosos liberais que jogavam em várias frente na concentração de renda do regime.

A guerra através das oliveiras

As oliveiras são árvores que vivem, comparadas com a vida humana, quase eternamente. Há oliveiras na Palestina com 2.500 anos. Quem colhe seu fruto, a azeitona, quase todas as vezes não é quem a plantou (a primeira colheita de azeitonas pode demorar até 30 anos). Gerações cuidaram daquela árvore, e plantam novas, criando uma relação de continuidade entre a terra, a planta e a humanidade que ultrapassa o curto ciclo de existência de homens e mulheres. A oliveira enlaça gerações em torno de uma cultura comum.

Uma das medidas de Israel durante ocupação da Cisjordânia em 1967 foi separar os agricultores de suas oliveiras e de suas terras, "para sua própria segurança". As terras palestinas foram dadas a colonos israelenses que desde então vêm destruindo, queimando, arrancando e se apropriando de antigas plantações.

A oliveira é um símbolo poderoso para diferentes povos do Oriente Médio e do Mediterrâneo. Para os cristãos a árvore significa a esperança; para os judeus, elas são as árvores da colina sagrada; e para os palestinos, as oliveiras representam a vida, são parte da história e da própria identidade nacional. A oliveira está presente nos livros sagrados de todas as religiões da região.

Quando destroem sistematicamente suas plantações, os israelenses apagam a vida, a história e a identidade palestina. No lugar de muitas plantações de oliveiras, os colonos israelenses construíram kibutzim, com suas alegres plantações de laranjas, crianças e visitantes cantando e vivendo uma vida coletiva – onde antes essa mesma vida em comunidade vicejava entre os palestinos.

Na Palestina o ciclo das oliveiras são o ritmo da vida para milhares de famílias de agricultores que cultivam a planta há gerações. Delas, vem o azeite, produto essencial há milênios para a sobrevivência, para culinária e para a identidade de toda uma região.

A destruição das oliveiras palestinas é uma das políticas israelenses para controle dos territórios cercados, mais uma maneira de infligir, cruelmente, sofrimento e dominação a um povo já subjugado. Entre janeiro e setembro de 2011, colonos israelenses queimaram mais de 7.500 oliveiras. Na época mais de 100 mil famílias viviam desse cultivo ancestral e cada colheita era um tomento e uma provação, já que as árvores e seus cultivadores passaram a viver separados por um muro controlado pela polícia israelense.

O conhecido poeta e escritor palestino Mahmud Darwich (1941-2008), autor da declaração de Independência palestina de 1988, escreveu muitas vezes sobre a importância e a presença da oliveira na cultura de seu povo. Tendo a própria família sofrido com a destruição das oliveiras por judeus de suas terras em 1948, ele escreveu o livro de poemas *Folhas de oliveiras*. No poema "Folha de oliva" ele destacou o sofrimento de um povo com sua identidade sendo massacrada: "Se as oliveiras conhecessem as mãos que a plantaram, seu óleo se tornaria lágrimas."

A destruição das oliveiras acabou por se tornar um símbolo da destruição de um povo – a queima das árvores tristemente agora ecoando os bombardeios às cidades e a morte de milhões de pessoas. Mas a oliveira tornou-se também um símbolo de resistência palestina, do amor de um povo por seu território, suas origens e sua cultura.

Em 1994, o líder da OLP Yasser Araft discursou na ONU segurando em uma de suas mãos uma arma e na outra um ramo de oliveira. Dizia "Não deixe o ramo de oliveira cair de minhas mãos". A oliveira permanecia, em meio à luta, como um símbolo da possibilidade de paz entre os povos.

Na Bíblia uma das histórias mais conhecidas e significativas diz respeito à Arca de Noé. Depois do dilúvio que destrói o mundo, Noé solta duas pombas que voltam carregando ramos de oliveiras – o mundo estava pronto para ser reconstruído novamente.

Fome, carne e silêncio: o inominável em A paixão segundo G.H.

"Era uma barata. Viva."
(Clarice Lispector, A paixão segundo G.H.)

Há livros que alimentam, livros que saciam, livros que embalam. *A paixão segundo G.H.* não é nenhum deles. É um livro que *fomeia*. Que rasga o apetite e o sentido. Publicado em 1964, às vésperas do golpe civil-militar, o romance de Clarice Lispector mergulha no que há de mais íntimo — e de mais inominável — na experiência do eu.

A narrativa, concentrada em um único dia na vida de uma mulher da elite carioca, se passa quase inteiramente dentro de um quarto de empregada. Ali, diante do que deveria ser o espaço vazio da subalternidade, G.H. se depara com o Outro absoluto: uma barata viva, prestes a ser esmagada — e, mais adiante, devorada.

Não é a morte da barata que perturba, mas o que ela sobrevive. A barata insiste, resiste, e com ela, surge o colapso do mundo organizado. O nojo torna-se revelação. O silêncio torna-se palavra impossível. A fome torna-se outro tipo de ingestão.

É nesse momento que o romance toca um ponto raramente explorado pela crítica: a comida, ou melhor, o ato de comer, como transgressão e desintegração do eu. A cena central do livro — em que G.H. pressiona a gosma da barata contra os lábios — não é apenas simbólica: é *física, ética, carnal*. E nela se concentram temas que atravessam minha própria pesquisa: o alimento como linguagem (ou sua falência), a relação entre comida e morte, o feminino e a abjeção, a casa como espaço de apagamento e revelação.

A leitura que proponho aqui parte de um deslocamento: não ler *A paixão segundo G.H.* apenas como exercício filosófico ou místico, mas como uma obra gastronômica no sentido mais radical — em que comer não é nutrir-se, mas ser devorado. Ser comida pelo outro, pelo inominável, pelo real que escapa à forma.

Nesse gesto, Clarice aproxima-se de uma genealogia da escrita que pensa o feminino para além da representação, como faz Julia Kristeva ao definir o **abjeto** como aquilo que ameaça os contornos do eu. Ao mesmo tempo, a cena do consumo da barata permite um diálogo com autores como Georges Bataille (o erotismo da transgressão), Massimo Montanari (a comida como linguagem), e com escritoras que narram a fome como experiência de rasura, como Carolina Maria de Jesus.

Neste artigo, proponho, portanto, uma leitura de *A paixão segundo G.H.* a partir da comida — mas não da comida que serve, e sim da comida que perturba. Daquilo que, sendo matéria e carne, dissolve a narrativa do sujeito moderno e expõe, sob a crosta da civilização, a gosma da existência. É um texto maior, que se destaca no livro porque o tema da barata, do nojo, da fome imaterial é um dos temas que permeiam minhas aulas de Escrita Gastronômica. Agradeço aos alunos pelas discussões sobre Clarice a comida, sempre tão instigantes.

1. O corpo da barata, o corpo de G.H.

"A barata não era um bicho, era um mundo. E eu tinha entrado nele."(Clarice Lispector). Desde o início do confronto com a barata, Clarice inscreve a cena num campo de sensações limítrofes. O corpo do inseto, feio, nojento, escuro, esguio, funciona como espelho invertido da brancura asséptica de G.H. — mulher rica, artista, moderna, habituada a uma vida de contenções e molduras. É justamente ao entrar no quarto da empregada que esse equilíbrio simbólico colapsa.

O animal que G.H. encontra ali não representa apenas o Outro racializado e subalternizado, como já leu boa parte da crítica. Ele materializa uma crise mais profunda: a instabilidade do próprio eu. O corpo da barata — sua gosma branca, sua matéria insistente — não serve à metáfora: ele irrompe na carne da linguagem.

Essa crise é sensorial, antes de ser filosófica. G.H. sente o cheiro, o gosto, a textura. É um nojo que ultrapassa a estética do feio e atinge o plano do abjeto — como define Julia Kristeva:

> *"O abjeto é aquilo que perturba a identidade, o sistema, a ordem. O que não respeita os limites, as posições, as regras. O que desorganiza um corpo social ou individual." (KRISTEVA, 1982)*

Ao pressionar a gosma da barata contra os lábios, G.H. não apenas transgride a higiene: ela transgride o eu. O gesto de comer, aqui, não é metafórico — é performativo. Ela se desfaz. Come o que é incomível. Deixa de ser pessoa para se tornar porosidade. Não há prato, mesa ou ritual. Há apenas o corpo em estado de colapso.

Esse gesto pode ser lido à luz do que Georges Bataille chamou de "experiência interior": o momento em que o ser ultrapassa os limites do possível e entra em contato com o interdito. Para ele, *"A experiência interior é aquela que conduz o ser ao ponto extremo onde ele perde o controle de si."(BATAILLE, 1943).*

G.H., diante da barata, é conduzida a esse ponto. E como toda experiência limítrofe, ela é indizível, insustentável — e, por isso mesmo, exige ser narrada. É a tentativa de dizer o indizível, de escrever a gosma, que constitui o livro como gesto radical.

2. Comer como abjeção: Clarice, Kristeva e o feminino

"Foi quando compreendi que já estava com a boca encostada no interior da barata.". O gesto de G.H. ao encostar os lábios na gosma branca da barata é mais do que um contato físico. É uma transgressão ontológica, um ato de abjeção. O nojo, a repulsa, o horror — todos os mecanismos de autoproteção da cultura e da identidade — falham diante daquilo que não pode ser nomeado nem excluído. O corpo da barata, com sua viscosidade indigerível, instala-se como uma espécie de verdade do mundo.

Julia Kristeva, em *Powers of Horror* (1982), descreve o abjeto como aquilo que o sujeito rejeita para manter sua integridade, mas que nunca se afasta completamente. O abjeto está dentro e fora — como sangue, excremento, pus. Ou como uma barata viva, esmagada, mas ainda pulsante. *"Aquilo que é abjeto não é um objeto. Ele é, ao contrário, uma ruptura no simbólico. Um afundamento do eu." (KRISTEVA, 1982, p. 4).*

No caso de G.H., o abjeto não apenas emerge — ele invade. A gosma branca que escorre da barata lembra leite, sêmen, substâncias que evocam tanto vida quanto degradação. É também um gesto de feminização forçada, um contato íntimo com a matéria primordial da vida. A comida, aqui, se torna inseparável do corpo e do trauma.

Essa passagem revela a dimensão corporal da escrita clariceana. Não é à toa que tantas mulheres encontram em Clarice um lugar de experiência radical. O que G.H. vivencia — ao mesmo tempo místico, carnal, indizível

— lembra as experiências limítrofes descritas por outras autoras que tematizam o feminino para além da forma, como Hélène Cixous, Marguerite Duras e até mesmo Carolina Maria de Jesus.

A própria Clarice parece consciente do abismo que está abrindo: a escrita não resolve, não nomeia — apenas acompanha o colapso do eu. E nesse colapso, comer se transforma em ritual sem altar. É um sacrifício às avessas: a devoradora é devorada.

3. A comida como silêncio e revelação

A comida, em muitos sistemas culturais, organiza o mundo. Ela marca pertencimentos, elabora distinções, institui rituais e hierarquias. Como escreve Massimo Montanari, "a comida é uma linguagem, um sistema de signos com o qual se expressam ideias, memórias, valores" (MONTANARI, 2004). Em *A paixão segundo G.H.*, contudo, essa linguagem entra em colapso. O gesto de comer deixa de significar. Não há comunhão, não há partilha, não há mesa. Há, apenas, o silêncio do corpo diante da matéria.

Se a comida é, como sustenta a tradição antropológica, um instrumento de domesticação do mundo (LÉVI-STRAUSS, 1964), Clarice nos mostra o contrário: o mundo como o que nos indomestica. A gosma da barata, ao entrar em contato com a boca da protagonista, não se converte em alimento — permanece alteridade. E é nesse contato que o silêncio se instala. O silêncio como forma de saber. O silêncio como sabor do inominável.

Clarice não escreve sobre comida no sentido tradicional. Mas em *A paixão segundo G.H.*, tudo gira em torno de uma cena alimentar. Não de uma refeição, mas de uma **provação**. Uma eucaristia pagã, em que o corpo da barata substitui o pão e revela uma fome que não é fisiológica, mas existencial.

"Comer da barata era aceitar a matéria. Era aceitar o mundo sem Deus, sem linguagem, sem porquê.".

Essa é uma fome que aparece também em outras vozes femininas — como Carolina Maria de Jesus, para quem o pão é sempre insuficiente, e como Benedita da Silva, para quem a comida é sempre luta. Mas Clarice nos dá uma terceira fome: a fome do real. Uma fome de origem. Uma fome sem objeto. Uma fome que não cessa quando o corpo é alimentado. Uma fome inconsciente.

Ao comer o corpo da barata, G.H. abandona os signos da civilização. Não quer mais nomear, interpretar, significar. Quer apenas ser. Ou, mais precisamente, deixar de ser. É esse abandono da linguagem que permite o que Clarice descreve como "o grito mudo do mundo".

3.5. O kitsch e o colapso da civilização em G.H.

No artigo *G.H., a paixão e o kitsch*, Letícia Veiga Silveira propõe uma chave crítica reveladora: a personagem G.H. representa o ideal civilizatório burguês, limpo, asséptico, formalizado, próprio de uma sensibilidade kitsch, que "rejeita o feio, a morte e o caos". Sua casa branca e sua vida ordenada são expressões desse mundo que não tolera o real. O quarto da empregada, no entanto, é a falha dessa estética — a fresta por onde o inominável entra.

Clarice, ao introduzir a barata, rompe com esse universo: não há mais moldura, estilo ou mediação. O **kitsch** implode quando G.H. se depara com a gosma. Silveira escreve: *"O kitsch se dissolve diante do corpo animal. O que sobra é o colapso."*

Essa implosão estética nos permite ler a cena da barata à luz da crítica de Walter Benjamin, para quem o kitsch é o belo arrancado do contexto de sua dor. É o belo embalado, plastificado, convertido em mercadoria sensível — um simulacro de afeto. Em seu ensaio sobre Eduard Fuchs, Benjamin argumenta que o kitsch é o ponto em que o gosto burguês se reconcilia com o reacionário: ele adora a aparência da experiência sem suportar sua verdade. *"O kitsch oferece instantaneamente aquilo que a experiência autêntica exige do tempo como condição de sua fruição." (BENJAMIN, 1994, v. I, p. 271).*

G.H. é herdeira dessa sensibilidade. Vive cercada de formas puras, linhas brancas, gestos civilizados. Mas a barata — e tudo o que ela carrega de sujo, de residual, de incomestível — rompe essa mediação. Quando G.H. põe a boca sobre a gosma, não há mais linguagem que a separe daquilo que até então era só matéria. É o colapso do kitsch. O feio entra. A morte entra. O caos entra.

Ao comer o corpo da barata, ela não se reconcilia com o mundo: ela deixa de se distinguir dele. O que resta é o silêncio. Um silêncio que Benjamin talvez reconhecesse não como ausência de sentido, mas como a recusa final do kitsch de continuar falando em nome do belo.

4. Conclusão: G.H. sai sem nome, sem eu, sem fome

Ao final de sua travessia, G.H. emerge outra. Ou talvez nem isso: ela emerge sem nome, sem forma, sem linguagem. A gosma da barata, que parecia apenas matéria repulsiva, se revelou veículo de uma experiência que desfez o eu e suas ilusões. Clarice Lispector conduz a protagonista — e nós, leitores — a um ponto onde o simbólico se desfaz, onde o comer deixa de significar para se tornar pura presença, pura carne.

Não há metáfora possível para o que G.H. vive: há apenas o corpo diante do impensável, a boca sobre o impuro, a mulher devorada por uma realidade que não se deixa nomear. A comida, aqui, **não sacia**. Ela rompe. Ela dissolve. Ela aniquila.

Se começamos com uma mulher diante de um inseto, terminamos com um sujeito diante do absoluto. A literatura de Clarice não oferece reconciliação, redenção ou catarse. Apenas o eco do silêncio. Um silêncio que não é vazio, mas plenitude impura. É o silêncio do real que resta após a falência da estética, da linguagem, da metafísica.

G.H. sai do quarto sem fome, mas também sem o eu que tinha fome. O que lhe resta — e a nós — é o saber do abismo. E talvez o espanto diante do fato de ainda estarmos vivos, lendo.

Referências

BATAILLE, Georges. *A experiência interior*. Lisboa: Assírio & Alvim, 2005.

BENJAMIN, Walter. *Magia e técnica, arte e política: ensaios sobre literatura e história da cultura*. Obras escolhidas, vol. 1. São Paulo: Brasiliense, 1994.

KRISTEVA, Julia. *Powers of Horror: An Essay on Abjection*. New York: Columbia University Press, 1982.

LÉVI-STRAUSS, Claude. *O cru e o cozido*. São Paulo: Cosac Naify, 2004.

LISPECTOR, Clarice. *A paixão segundo G.H.* Rio de Janeiro: Rocco, 1998.

LISPECTOR, Clarice. Entrevista de 1976, restaurada em podcast "A voz e o silêncio de Clarice Lispector". *451 MHz, Quatro Cinco Um,* jul.-ago. 2023. Disponível em: https://quatrocincoum.com.br/podcasts/repertorio-451-mhz/a-voz-e-o-silencio-de-clarice-lispector-parte-1/. Acesso em: 3 jul. 2025.

MONTANARI, Massimo. *Comida como cultura*. São Paulo: Senac, 2004.

SILVEIRA, Letícia Veiga. *G.H., a paixão e o kitsch*. Dissertação (Mestrado em Literatura) – Universidade Federal de Santa Catarina, Florianópolis, 2021. Disponível em: https://repositorio.ufsc.br/handle/123456789/263754. Acesso em: 3 jul. 2025.

Parte IV – Tempo, Crise e Invenção

Comida de quintal

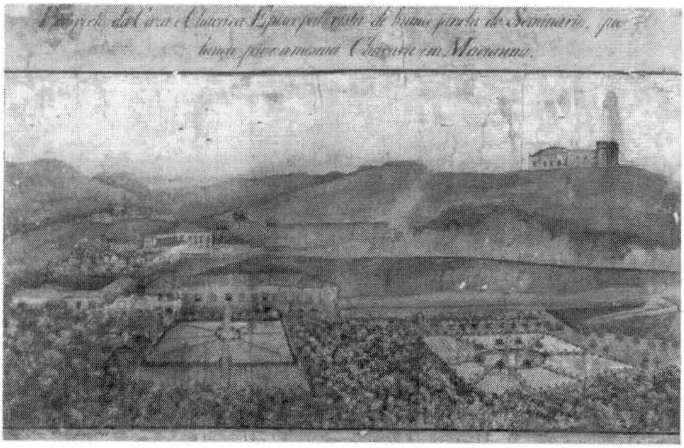

Chácara episcopal em Mariana em aquarela do padre Viegas em 1809: simetria e inspiração europeia em oposição à domesticidade dos quintais das casas de famílias. Museu Arquidiocesano de Mariana.

No quintal de Helena Morley tinha horta, muita couve e ora-pro-nobis, galinhas, pintinhos e ovos, pés de goiaba, pequi, jambos, gabirobas, mangaritos, marmelos, um pouco de feijão, uns porquinhos e algum torresmo. Era um quintal na melhor definição do termo, um lugar maravilhoso que abastecia a casa, um mundo inteiro a ser descoberto e saboreado todos os dias. Helena Morley, pseudônimo de Maria Alice Dayrell Caldeira Brant, publicou seu livro *Minha vida de menina* em 1942, quando tinha 42 anos de idade. O livro, em forma de diário, conta a história de quando ela era adolescente em Diamantina, Minas Gerais, no final do século XIX, no fim do Império e nos primeiros anos da República.

As comidas de quintal são as comidas de que fala o tempo todo Helena em seu diário. O pai, garimpeiro, tinha renda incerta, e a família vivia do que tinha no quintal e do que conseguia trocar ou vender na cidade. Na verdade, esse era um tempo em que a própria cidade estava mudando, e os quintais eram espaços que traduziam essas mudanças urbanas. Um terreno grande o suficiente para estar dentro da cidade e ter uma pequena produção caseira de víveres, mas pequeno para um sítio, chácara ou fazenda. O quintal representava esse mundo híbrido, entre o rural e o urbano, de um tempo em transformação.

E o que mudava? Mudava a maneira como as pessoas adquiriam alimentos. Como Diamantina vivia uma espécie de febre de diamantes e ouro, e a cidade crescia, era possível adquirir alimentos considerados luxuosos, como bacalhau, azeites, bolachas enlatadas inglesas, vinho do porto ou sorvetes em diversos armazéns e lojas locais.

Mas a economia do garimpo, que ditava a economia da cidade, era cruel e incerta. A maioria das famílias vivia remediadamente, da produção de alimentos que conseguia no próprio terreno da família, os quintais. De lá vinham o básico do abastecimento da casa: os feijões, as hortaliças, como a couve, e os legumes, como a abóbora. A maioria das casas possuía algumas galinhas, que garantiam ovos e frangos. Vários pés de fruta garantiam sobremesas fartas, que se tornaram típicas, como as goiabadas, os doces de marmelo, as geleias e os licores. Uma enorme variedade de biscoitos, bolinho, pastéis e mingaus eram feitos e consumidos dentro das casas, pelas famílias, mas também revendidos na cidade. Toda uma economia informal girava em torno dessas sobras, revendas e trocas do que era produzido com os víveres do quintal.

Helena lembra da importância do fubá, como uma das comidas "matadoras de fome": "eu acho que a pior invenção da vida é mingau de fubá. Não compreendo para que ele serve. Se a gente está com fome, toma mingau e a fome aperta mais. Se não está com fome, bebe mingau e a fome abre. Há tanta coisa boa para se fazer com fubá: cuscuz, broas, sonhos, bolos, e ninguém quer sair do mingau de fubá".

Nos dias de aperto, o improviso era regra e dava-se um jeito de alimentar as muitas bocas da família. "Na Chácara", recorda-se Helena, "se faz muita couve no almoço e no jantar, porque tem muita gente de cozinha. Generosa então inventou, da cabeça dela, cozinhar os talos de couve com as peles do toicinho e faz um guisado de que nós também gostamos muito".

As comidas dos quintais se relacionam com outra prática muito comum nas cidades brasileiras até meados do século XX: a venda desses víveres por mulheres, escravas ou livres, em tabuleiros. Eram as quitandeiras. Presentes na maioria das cidades brasileiras do período colonial e imperial, as quitandeiras vendiam em seus tabuleiros os excedentes de uma pequena produção caseira: temperos da horta, couves, frutas diversas, um ou outro peixe pescado, feijões, abóboras, outras verduras e legumes. Mas também eram vendidos produtos feitos em casa como bolinhos, torresmos, pão de ló, aluás, pastéis de angu canjicas, broas e pães.

Esse comércio era uma das maneiras de abastecer as casas e, muitas vezes, em períodos de escassez ou crise econômica, a economia da cidade girava ao redor essas vendas informais de alimentos. O poder público sempre tentou cercear o comércio das quitandeiras para poder cobrar impostos – foram inúmeras as tentativas de colocá-las em mercados ou feiras para poder cobrar taxas.

A comida de quintal, que hoje vemos em festivais, nas viagens, nos botecos e pelo interior de Minas e São Paulo, é a comida de casa, de um tempo de escassez e improviso. De uma época em que se olhava para os campos e para o quintal para ver o que pôr na mesa.

A comida dos dias

Esse vai ser um texto com pouquíssimos dados empíricos e muitas suposições. Não é algo que eu goste de fazer, já que adoro mergulhar na pesquisa, achar fontes, escrever sobre velhas e adoráveis novidades. Bom, dito isto vamos ao começo de tudo. Desde muito pequena, acho que com 10 ou doze anos, percebi que a comida em casa seguia um certo padrão nos dias da semana, de segunda a domingo.

Durante a semana o cardápio variava bastante, mas se repetia semanalmente. Primeiramente, pensei que era algo da cabeça da minha mãe, uma espécie de organização das compras e do que fazer. No fundo achava que era uma falta de imaginação. Fui reparar no que minha avó, que morava bem perto, cozinhava, já que muitas vezes eu comia duas vezes no almoço – em casa e na avó, sendo a comida da avó muito melhor do que a de casa, como costumam ser as comidas de avó. E na minha avó Lourdes, acontecia a mesma coisa.

Cresci, comecei a trabalhar e reparei que fora de casa o cardápio se mantinha – em restaurantes por quilo, bares, botecos, marmitas. Um mistério, que tem me acompanhado na minha vida de pesquisadora da alimentação. Até dei um nome para essa coisa toda: "a comida dos dias". Nunca morei muito tempo fora de São Paulo, apesar da imensa paixão pelo Rio, então não posso dizer com certeza se é algo que se repete pelo país ou se tem variações regionais. Aceito, de muito bom grado, comentários e depoimentos.

O cardápio, com ligeiras variações sazonais de legumes, folhas vegetais e frutas, era o seguinte: segunda-feira tinha virado à paulista com couve, toucinho, ovos, cebolas, salsinha e, às vezes, bistecas. O arroz era novo. O virado era feito com as a sobras do feijão da semana passada e uns toques mágicos da minha mãe que modificava completamente o sabor do prato, dando um perfume e um sabor inesquecíveis. Terça-feira tinha frango, feito de diferentes maneiras, ensopado, peito de frango grelhado, desfiado, assado, com legumes. Era acompanhado de arroz, não tão novo, e feijão. Era bom. Não era o máximo. As quarta-feiras inspiradas tinham feijoada. Em casa, não era bem uma feijoada completa, mas um feijão preto com linguiça e paio, e couve. Nos botecos e restaurantes da vida, eram feijoadas completas, com tudo o que se tem direito. E é sagrada, todo o lugar tem.

Vou dar um parágrafo aqui senão fica muito grande. Assim também dá um certo suspense. Se bem todo mundo de São Paulo já sabe esse cardápio de cór.

Quinta-feira, o melhor dos dias, tinha macarrão, acompanhado ou não de bife ou frango. A maioria das vezes era a bolonhesa, com carne moída. Às sextas, minha avó sendo muito religiosa, tínhamos arroz, feijão e peixe, sardinhas fritas ou filé. Sábado, feijoada de novo, e domingo, macarrão e frango assado. Nos dias excepcionais, de muito bom humor ou comemorações, faziam nhoques ou raviólis em casa. Sobremesa era só domingo mesmo, e às vezes. O resto da semana era fruta.

Curiosa, queria saber a origem desse cardápio. Em casa, sabia que éramos uma família de classe média e que tínhamos o privilégio de termos uma mesa variada e farta, ainda que repetitiva. Foi a rua, a comida do dia a dia, dos diferentes tipos de trabalhadores e trabalhadoras, que me intrigava. Dos botecos mais simples a restaurantes caros, todos pareciam seguir essa fórmula. Quando começou? Como começou?

Perguntei pra minha avó, que me disse que a mãe dela, recém-chegada de Pizzo, na Itália para São Paulo, fazia algo parecido, mas com dobradinha ou miúdos às terças. Ela não gostava e substituiu por frango quando casou e teve que tocar a casa. Também não fazia feijoada, mas arroz com feijão clássico. Penso que incialmente essa divisão do cardápio teve a ver com o abastecimento das cidades. Quais era os dias da feiras-livres? E os de açougue? É de se notar que o uso de diferentes carnes pode ter a ver com o abate e com a disponibilidade das mesmas.

Também fico me perguntando se esse é um fenômeno paulista. Seria diferente em outras regiões do país, em outras cidades? Como disse no começo, escrevo essa coluna com mais dúvidas que certezas. Adoraria receber respostas contando como o cardápio familiar é organizado em outros lugares.

1917, a greve que garantiu as Feiras Livres em São Paulo

No dia 9 de julho de 1917, a polícia de São Paulo matou um grevista que protestava na porta de fábrica Mariangela, no Brás. Era José Martinez, espanhol anarquista que participava de diversos protestos contra a carestia e as condições de trabalho nas fábricas de cidade. Sua morte foi o estopim para uma das mais longas greves gerais de São Paulo, que durou todo o mês de julho e alguns dias de agosto daquele ano.

A vida, normalmente difícil para os trabalhadores das fábricas, se tornara praticamente insuportável naquele ano, com o brutal aumento do custo de vida ocasionado pela Primeira Guerra Mundial – enquanto os salários subiram 71% entre 1914 e 1923, o custo de vida havia aumentado 189%! Isso, em parte, se devia à opção dos industriais e fazendeiros brasileiros de fornecer mercadorias e alimentos prioritariamente para os países em guerra, desfalcando o mercado interno com a consequente alta de preços. Além disso, a polícia reprimia violentamente qualquer manifestação de desagrado, por parte dos trabalhadores, com a situação cotidiana. Policiais entravam nas casas de operários prendendo líderes, desfazendo reuniões, reprimindo qualquer reunião em grupo.

Com a morte de Martinez, jovem anarquista de família imigrante espanhola, a cidade parou. Martinez era arrimo de família e todos dependiam dele para sobreviver. Sua situação espelhava os diferentes e precários arranjos familiares de muitas outras famílias imigrantes da época. A identificação foi imediata. O cortejo de seu funeral percorreu uma cidade em choque, silêncio e dor – da rua Caetano Pinto, por toda a avenida Rangel Pestana até a Ladeira do Carmo. Tudo estava lotado, com pessoas em luto por causa da morte do jovem trabalhador.

Nos dias que se seguiram o comércio fechou as portas, não se fabricava mais pão nem se vendia leite. O governo, apesar de intensificar ainda mais a repressão matando líderes e operários, perdeu o controle da cidade. Mesmo com o número de trabalhadores mortos pela polícia crescendo, os grevistas conseguiram emboscar alguns policiais e os mataram. O clima era terrível.

Foi nesse estado das coisas que o governo resolveu negociar com os grevistas. As reivindicações incluíam aumento de salários e todo um leque de problemas da cidade. O encontro entre governo, empresários e líderes de trabalhadores aconteceu na sede do então jornal mais importante da cidade, *O Estado de S. Paulo*, local em que a oligarquia paulista se sentia à vontade e que os representava.

Entre as muitas reivindicações políticas dos grevistas, reunidos em torno do Comitê de Defesa Proletária um dos pontos fundamentais foi o congelamento dos preços dos bens alimentares e o aumento e a fiscalização dos mercados e feiras livres da cidade. Entendia-se na época que as feiras eram os locais mais apropriados para se comprar alimentos e que, portanto, deveriam ser aumentadas (em número de ruas e bairros atendidos, bem como em tamanho e número de feirantes) e fiscalizadas pelo poder público para os alimentos chegarem com preço acessível para os trabalhadores.

São Paulo havia sido uma das primeiras cidades do país a ter feiras livres. Elas foram regulamentadas em 27 de novembro de 1909, pelo decreto n. 28 de autoria do vereador José Oswald. Em 1917, fazia poucos anos então, que a feira fazia parte oficialmente do cotidiano de abastecimento da cidade. As feiras tornaram-se extremamente populares, eram onde se podia comprar e vender alimentos com preços acessíveis, muitas vezes direto dos pequenos produtores da cidade.

As feiras, desde a Idade Média, sempre tiveram essa mistura de gente, comida, encontro e festa. A palavra vem do latim e está relacionada a feriado. Garantindo a feira em suas reivindicações, os grevistas, além de espalhar pela cidade uma maneira de vender popular, construíram um espaço de encontro, sociabilidade e liberdade.

A Gripe Espanhola, pandemia que varreu o mundo em 1918

A Gripe Espanhola parou o mundo em 1918.

Essa coluna era para ser leve, sobre histórias da alimentação. Mas a pandemia do novo coronavírus me pegou e passei as últimas semanas em casa, assistindo estarrecida às notícias e contando o número de mortos pela televisão. Imediatamente comecei a pensar na história – quando havia acontecido uma pandemia parecida? E as pestes? Como a humanidade reagiu? O que aconteceu então?

A última grande pandemia altamente infecciosa e letal foi a Gripe Espanhola, em 1918. Revolvi então escrever sobre ela. Depois de passarmos por isso, eu volto a escrever sobre alimentos. Essa resolução também tem muito a ver com um livro específico, *A gripe espanhola em São Paulo, 1918: epidemia e sociedade,* de Claudio Bertolli

Filho. Essa coluna é uma homenagem a esse grande livro, escrito por um excelente historiador.

Foram três grandes ondas de gripe. A primeira, detectada em março de 1918, no Kansas, nos Estados Unidos, foi mais branda, atingido um campo de treinamento de soldados que se preparavam para ir à Europa lutar na Primeira Guerra Mundial. A segunda, mais letal, atingiu a Europa em cheio, matando soldados nas trincheiras e a população civil nas cidades. Quando retornou aos Estados Unidos, em julho, sua taxa de letalidade ficava entre 6% e 8% dos gripados. A última foi entre fevereiro e maio de 1919, e foi mais branda. Os países europeus em guerra facilitavam a propagação da doença – trincheiras frias e encharcadas nos dias chuvosos, hospitais aglomerados e desnutrição foram ao mesmo tempo agravantes e disseminadores da doença.

Na Europa, cerca de 250 mil pessoas morreram no Reino Unido, 400 mil na França, 400 mil na Alemanha. Em Portugal foram 120 mil mortos. Nos Estados Unidos, entre 500 mil e 675 mil pessoas morreram por causa da gripe.

O nome da doença tem uma história interessante. Com os países europeus em guerra, o número de mortos tanto nos campos de batalha como de doenças era censurado. A Espanha foi severamente atingida pela gripe e sofreu com um número elevado de mortes. Mas o país não estava no conflito e não sofria com a censura à imprensa. Lá, a gripe recebeu o nome de "gripe francesa", enquanto em Portugal era chamada de gripe pneumômica. Mas as notícias que chegavam da Espanha corriam os países em conflito, e parecia, assim, para quem lia, que o país era o grande difusor da doença.

A gripe afetava particularmente um grupo de pessoas, os mais jovens, entre 20 e 40 anos de cidade. Os cientistas têm hoje uma explicação para o fenômeno. O corpo do infectados recebia uma elevada dose de resposta quando contraía a doença – essa reação foi chamada de tempestade de citocina, quando o corpo reage de maneira extrema a um vírus, é uma hiper-reação do sistema imunológico. Os que tinham um sistema imunológico deficiente, como os mais velhos e as crianças, morriam menos.

O Brasil sofreu com a Gripe Espanhola ao mesmo tempo que a Europa – tendo a gripe chegado ao país em vários dos inúmeros navios que aqui atracaram em 1918. Dentre os navios mais conhecidos por trazer doentes da gripe estava o Demerara, que chegou aqui em setembro de 1918. Outubro, novembro e dezembro foram os piores mês da infecção, os que mais mataram gente, tanto aqui como no resto do mundo. No princípio, assim que a doença chegou, os governos das maiores cidades do país, como Recife, Salvador, Rio de Janeiro ou São Paulo, não levaram muito a sério a doença. Com o número de infectados aumentando a cada dia, bem como os cadáveres nas ruas, tiveram que tomar providências, pressionados pela população.

A Gripe Espanhola não tinha remédio, então os jornais anunciavam uma enorme variedade de tratamentos, que iam das medicações dos médicos "oficiais" a receitas caseiras que envolviam sempre alho, cebola e limões, de preferência ingeridos com pinga. Esses últimos foram tão procurados que sumiram repentinamente da cidade. Um dos remédios sugeridos pelos médicos foi o quinino, que normalmente era utilizado contra a malária – e que, no tratamento desta doença, foi substituído pela cloroquina, hoje receitada por alguns sem que se tenha qualquer estudo conclusivo sobre sua eficácia contra a Covid-19.

Quando a Gripe Espanhola atingiu o país com força, as autoridades, num primeiro momento, fingiram que não viram. Rodrigues Alves, que governara o Estado de São Paulo por três vezes e já fora presidente da República entre 1902 e 1906, em março de 1918 venceu a eleição para a presidência com 386 mil votos, contra apenas 1.258 do opositor Nilo Peçanha (deixemos a questão da "democracia" na República Velha para outro dia), mas não conseguiu tomar posse: estava doente da gripe em 15 de novembro de 1918 e morreu, na capital do país, o Rio de Janeiro, em janeiro de 1919 sem assumir o posto. Depois de um breve governo do vice Delfim Moreira, novas eleições foram organizadas e vencidas por Epitácio Pessoa.

Em São Paulo, os ilustres vereadores de São Paulo colocaram nas mãos do prefeito e do governador o poder de decidir tudo o que a cidade precisaria para atravessar aqueles tempos difíceis. Após esse consenso, a maioria recolheu-se em seus palacetes ou foi para suas fazendas no interior paulista.

A população, sem a mesma possibilidade, clamava por ações. Em pouco tempo algumas medidas foram tomadas, parecidas com as de hoje – isolamento, suspensão de aulas, de missas, fechamento de oficinas e fábricas. Mas a maioria do dinheiro previsto para combater a infecção em São Paulo foi destinado a pagar coveiros e caixões. Alguns itens de alimentação escassearam e muitos empresários lucraram com o desabastecimento. O governo limitou-se a baixar uma norma tabelando os itens de primeira necessidade, mas, sem fiscalização, tudo ficou como estava.

Alguns nomes de família de tradicionais na política aparecem tanto na epidemia de gripe espanhola de 1918 como nos dias de hoje. Na época, Alfredo Pujol (nome de uma rua na zona Norte da cidade) era um advogado que se tornou superintendente administrativo dos hospitais da cidade, responsável pela sistematização dos dados sobre a mortalidade gripal, sobre o número de vagas nos hospitais e pela distribuição domiciliar de receitas aviadas em farmácias. Hoje Edson Leal Pujol é comandante do exército e vem dando declarações acerca da atual pandemia do novo coronavírus. Na estranha e permanente configuração política brasileira, em que as mesmas famílias governam a séculos, não é demais perguntar: seriam parentes?

O cotidiano de São Paulo durante a Gripe Espanhola foi marcado pela morte. Claudio Bertolli Filho mostra no seu livro que a maioria da verba gasta por Washington Luís, então prefeito da cidade, foi na abertura de novos cemitérios, como o da Lapa, e aumento de covas em cemitérios já existentes, compra de caixões e contratação de coveiros. A prefeitura então alugou o Palace Theatre, um grande prédio no começo da av. Brigadeiro Luís Antônio, e transformou-o num imenso necrotério improvisado. De lá saíam centenas de enterros para diferentes cemitérios da cidade.

Por causa dos inúmeros boatos referindo-se às histórias macabras envolvendo enterros, a profissão de coveiro subitamente se valorizou. Ninguém queria estar envolvido num trabalho de alto risco e que envolvia várias irregularidades e até ilegalidades no trato dos defuntos da gripe.

Mesmo assim, 896 trabalhadores estiveram envolvidos nos processos de enterramento dos mortos da cidade no período, quase vinte vezes mais que o número de coveiros antes do início da epidemia: 47. Isso nos dá ideia do tamanho do problema na época, mostrando que claramente os números de mortes por gripe espanhola estavam sendo claramente subnotificados. Foram abertas, na época, 11.762 covas.

Ao contrário de outras cidades, que abriram valas comuns, Washington Luís orgulhava-se de dizer que os cidadãos paulistanos eram enterrados em covas individuais, com caixões próprios. Assim como hoje, durante a pandemia, assistir aos enterros estava proibido por causa do risco de contágio – o que também facilitava manobras políticas dos gestores das cidades para esconder o número real de mortos.

Os jornais da época fervilhavam com denúncias de que existiam, sim, enterros em valas comuns em São Paulo. Bertolli foi aos livros de registro dos cemitérios. Na necrópole do Brás, por exemplo, ele achou documentos dos gestores do cemitério avisando a prefeitura da existência de cinco valas comuns com um total de 377 cadáveres – em uma delas foram enterradas 91 pessoas. No cemitério da Vila Mariana, o gestor do lugar usava outra tática: valas que continham cinco ou seis urnas funerárias. Muitas dessas valas tiveram de ser reabertas depois e os cadáveres exumados quando a onda da gripe passou.

Uma das coisas estranhas da pandemia de Gripe Espanhola no mundo foi seu, digamos, "desaparecimento social" assim que a epidemia arrefeceu. Foi como se ela nunca tivesse existido. As pessoas continuaram com suas vidas, evitando lembrar dos dias de horror por que haviam passado.

A epidemia foi praticamente esquecida por historiadores, com algumas exceções, jornalistas e médicos até quem uma nova epidemia de influenza, a do H1N1 dos anos 2000, ressurgiu. Foi então que médicos e pesquisadores se voltaram novamente a tentar entender o comportamento dos vírus e dos homens e mulheres durante as grandes pandemias.

Tempo de proibições: a relação entre a pandemia e a Lei Seca

Já estamos há alguns meses em quarentena, e a pandemia parece não ter um prazo para acabar. Há algumas semanas comecei a ver matérias e compartilhamentos sobre uma possível restrição ao consumo de álcool enquanto durarem os efeitos sanitários do novo coronavirus. Cidades nos Estados Unidos e alguns municípios brasileiros já proibiram a venda de bebidas alcóolicas e pressionam políticos e governadores para que suspendam a venda álcool. Imediatamente fui transportada para outra época, que usou argumentos semelhantes para criar um movimento probicionista – os Estados Unidos dos anos 1920.

Em 1920, mais especificamente no dia 16 de janeiro, o auge do inverno, os Estados Unidos aprovaram sua 18ª emenda. Estava proibida a fabricação, o comércio, o transporte, a importação e a exportação de bebidas alcoólicas.

As medidas ficaram conhecidas sob um único nome, a Lei Seca. Não é preciso lembrar que, apenas um ano antes, a pandemia de Gripe Espanhola havia devastado o país, acentuando a desigualdades, matando pobres e soldados que voltavam da Primeira Guerra Mundial.

A Lei Seca era uma tentativa de resolver os problemas relacionados à pobreza e à desigualdade, vistas na época como consequência da má educação e do vício em bebidas alcoólicas. Era o embrião do pensamento a respeito da meritocracia que vemos hoje. Essa era uma ideia com profundas raízes na nascente sociedade industrial do século XIX. E o alcoolismo das classes populares foi debatido em livros, em igrejas e em jornais por quase um século antes de ganhar uma lei profundamente autoritária e puritana na América dos anos 1920. Nesse período nasceram várias entidades encarregadas em "curar", "regenerar", "salvar" os viciados – quase todas elas ligadas a entidades religiosas.

A discussão era complexa. Muitos dos que realmente eram viciados em álcool eram homens pobres sem perspectivas de trabalho ou que tinham um trabalho muito mal remunerado e perigoso. Gastavam sua renda com cerveja ou gim e jogando e apostando em pubs e bares. As mulheres e os numerosos filhos não entravam na conta. Então, foram elas, as mulheres, que muitas vezes encabeçaram as ligas proibicionistas tanto na Europa como na América. Aliadas às Igrejas – católica, protestante e anglicana –, tornaram-se fervorosas defensoras da proibição de bebidas, que incluía, na lista de substâncias a serem banidas, o ópio e os entorpecentes. Dessa maneira, muitas feministas, que lutavam pelos direitos das mulheres, estiveram ao lado dos proibicionistas, endossando leis e pressionando governos para salvar a própria família.

Obviamente, a Lei Seca não deu certo. Quase que imediatamente surgiram locais para se consumir bebida, as pessoas começaram a fabricar álcool em casa, a indústria se reorganizou, rotas de contrabando se estabeleceram e criou-se uma cultura de consumo de álcool em festas e bares ilegais. A proibição, que durou 13 anos, serviu para o aumento da corrupção policial, a criação e máfias poderosas que enriqueciam a olhos vistos com o contrabando. A autoridade policial de cidades como Nova York e Chicago perderam a credibilidade perante a população dada quantidade de policiais corruptos pagos pela máfia das bebidas.

Os bares clandestinos, geralmente subterrâneos ou escondidos atrás de paredes secretas, eram chamados de "speakeasy" – sussurro em inglês –, pois os frequentadores tinham de falar baixo para não chamar a atenção. Coquetéis de bebidas variadas se tornaram populares, pois ajudavam a diluir os líquidos como rum, vermute, gim ou whiskey. O clima desses lugares, e das perseguições policiais às máfias, ficou eternizado em filmes como *O poderoso chefão*, de Francis Ford Coppola, ou livros como *O Grande Gatsby*, de F. Scott Fitzgerald.

Assim como durante a Lei Seca o componente religioso estava fortemente presente no movimento contra as bebidas, a proibição ao álcool durante a pandemia do novo coronavírus vai pelo mesmo caminho. A religião, principalmente os evangélicos daqui e dos Estados Unidos, se mobilizam contra o que consideram um inimigo a combatido. Isso, associado à ideia de que o vírus é uma praga divina e que devemos nos penitenciar se queremos sair vivos, fomenta o caldo ideal para que ideias proibicionistas vicejem.

A urgência e a história da sopa de pedra

Essa é uma história muito conhecida, mas eu vou contar mesmo assim. Dois viajantes chegam a uma pequena cidade do interior e dizem que vão fazer uma sopa de pedra. Um morador passa e pergunta o que está acontecendo, intrigado com o caldeirão de água fervente que armaram no meio da praça. Os viajantes afirmam que estão fazendo uma sopa de pedra, mas que esta ficaria melhor se alguém tiver algumas cenouras. O morador vai até sua horta e doa algumas que tinha lá. A mesma coisa acontece com muitos moradores e com o que tinham na dispensa: batata, vagem, um pouco de toucinho, verduras, feijões, sal. No final, todos compartilham uma deliciosa sopa em que a pedra é apenas desculpa para que se cozinhe coletivamente. Os viajantes, que pareciam querer aplicar um truque nos cidadãos, se revelam sábios conhecedores da alma popular e coletiva.

Essa história tem desdobramentos e versões em quase todas as regiões europeias. Nas diferentes versões variam o que é usado inicialmente como desculpa para se começar a sopa e arrumar os ingredientes. Vemos botões, machados, pedaços de madeira ou até unhas cortadas (argh!). Cada lugar fez uma versão e, nos livros para crianças modernas, foram feitos outros acréscimos e novas versões. Existem variações da história em filmes, séries de TV, novelas.

Especialistas em folclore localizaram versões dessa história sendo contadas desde 1548, em inúmeras localidades. Na Europa oriental, como a Polônia, ou no Norte europeu, na Suécia ou Finlândia, é o machado o catalizador da sopa. Na França, na Rússia ou na Hungria são soldados que chegam na cidade voltando da guerra. Na Escandinávia são mendigos que querem fazer uma sopa com as unhas cortadas e pedem contribuições, numa típica alusão aos caldeirões de bruxas, tradição local.

Existe ainda a versão alemã, escrita por Johann Peter Hebel em 1811, *Der schlaue pilgrim,* que pode ser traduzido mais ou menos como *O astuto peregrino.* Nessa versão da história, vemos um peregrino que está indo para Jerusalém e engana a mulher que o hospedava conseguindo os ingredientes um a um. Hebel foi um escritor, poeta, pedagogo, teólogo e pensador nascido em Basil, em 1760, que escreveu uma série de poemas e pequenas histórias "do calendário" que ficaram conhecidas como clássicos alemães. Sua versão da sopa de pedra introduz elementos da doutrina luterana: o peregrino, Jerusalém, a redenção com a sopa compartilhada.

Portugal tem uma tradição fortíssima de contar essa história que vem da região de Almeirim, perto de Santarém. Lá também a religião é um elemento importante da história. O viajante que chega à cidade é um monge andarilho, remete à longa tradição de crenças católicas da região. A história é tão forte que a sopa de pedra é considerada um prato nacional.

Não foi à toa que resolvi contar a história da sopa de pedra. Num momento que muitos brasileiros passam fome, é fundamental voltar a lembrar de histórias em que o senso comunitário, de ajuda ao próximo, seja evidente. Um viajante desconhecido chega numa cidade. Com simpatia, contando com a ajuda de todos, consegue alimentar todos não apenas de sopa, mas de solidariedade, ele alimenta as pessoas com a ideia de que devemos ajudar quem precisa. E que a fome é uma questão maior, que pode ser resolvida conjuntamente, em comunidade, pelos homens e mulheres preocupados uns com os outros.

Alguns ovos e a estranha sopa de tartaruga do século XIX

Uma enorme tartaruga gigante prestes a virar sopa num restaurante parisiense. Reprodução de livro *Paris herself again*, de 1879

Alice e a falsa tartaruga. No século XIX, era comum se fazer uma falsa sopa de tartaruga com carne da cabeça e miúdos bovinos. Reprodução: Ilustração livro de L. Carroll. *Alice e o país das maravilhas.*

Nos últimos dias fevereiro, enquanto a pandemia recrudescia no país, uma tartaruga gigante nadou até a praia de Suarão, em Itanhaém, litoral sul de São Paulo, e depositou seus ovos. Nunca antes um fenômeno como esse havia sido verificado nas praias da região e a tartaruga-de-couro ,também chamada de *Dermochelys coriácea,* acabou ganhando um anel de identificação para ser acompanhada por biólogos marinhos, seu ninho ganhou proteção e telas , além de uma bióloga de plantão. Duas semanas depois, a mesma tartaruga voltou a Itanhaém e desta vez depositou os ovos numa outra praia perto, chamada Satélite. O mesmo esquema de segurança, acrescido de repórteres de tevê em inúmeras matérias.

Tartarugas marinha gigantes foram muito comuns no litoral de diversos países do mundo até meados do século XX, quando começaram a ser alvo de intensa procura para alimentação. A poluição teve sua porção de culpa do desaparecimento das criaturas. As tartarugas passaram a ser protegidas por no Brasil de maneira crescente a partir dos anos 1960 e, uma portaria do Ibama em dezembro de 1989 cristalizou a legislação. O projeto Tamar passou a proteger as tartarugas que vinham se reproduzir nas costas do país e hoje temos estações especiais, como museus, abertas para a visitação ao público na Bahia e em Santa Catarina.

No século XIX, a sopa de tartarugas marinhas gigante era considerada uma iguaria. Servida em banquetes da realeza e em restaurantes refinados, a sopa era feita como um consomê, com a carne fervida com especiarias, legumes e vinho. A gordura, localizada entre o casco e as entranhas do bicho, era removida, cozida no próprio casco com especiarias e acrescida à sopa, dando um sabor especial. De cor verde, essa gordura era a razão da tartaruga, de casco amarronzado, ser chamada de "green turtle", tartaruga verde, em inglês. A sopa era reverenciada por sua elegância cosmopolita, mas toda a tartaruga era servida em diferentes pratos, como filés ou cozidos.

O sucesso dessa iguaria era tamanho que os cozinheiros criaram uma "falsa sopa de tartaruga", mais acessível para as donas de casa comuns, que se consistia em ferver a cabeça e os miúdos do boi com as mesmas especiarias e vinho que se usavam na sopa verdadeira. Diziam que o sabor era muito semelhante, sendo as duas consideradas revigorantes e deliciosas. A falsa sopa de tartaruga ficou tão conhecida que se tornou um dos personagens do livro *Alice no país das maravilhas*, de Lewis Carroll, pseudônimo de Charles Lutwidge Dodgson, romancista, poeta, fotógrafo e matemático. No livro, a personagem tinha cabeça e pés de vaca e corpo de tartaruga, com casca.

No Brasil, a sopa de tartaruga era uma iguaria comum entre os indígenas, que utilizavam as espécies de rios e lagoas. Viajantes também apreciavam o prato. Sua gordura é fonte preciosa de calorias. Mas o gosto pela sopa de tartarugas marinhas também chegou por aqui, servida em diversos estabelecimentos na corte do Rio de Janeiro, sempre anunciada nos jornais da cidade. Em São Paulo, a partir da inauguração da ferrovia que ligava a cidade a Santos, em 1867, a sopa passou a ser mais comum, símbolo do cosmopolitismo crescente da pequena vila que se transformava rapidamente.

O apetite voraz pela sopa de tartaruga fez com que, em cerca de um século, essas enormes criaturas marinhas começassem a escassear e a desaparecer dos mares. No começo do século XX, já eram raras, quase em extinção. As primeiras leis de proteção da fauna foram feitas para proteger as tartarugas e pouco a pouco, com muito esforço, o consumo foi decaindo. Hoje, é impensável comer uma sopa de tartaruga, e muito menos servi-la em restaurantes e afins. As receitas desapareceram dos cadernos e livros especializados. Criamos mecanismos de proteção e quando uma delas aporta em alguma praia, toda uma rede de cuidados é acionada. Que os ovos postos em Itanhaém choquem e que, daqui a 50 anos, as tartarugas voltem para pôr seus filhotes.

A história do quilograma, essa medida revolucionária

Quando abrimos um livro de receitas ou compramos qualquer coisa no supermercado sabemos quanto devemos usar para o prato ou quanto daquela comida estamos comprando. Isso é medido em gramas e quilogramas. Essas medidas têm uma história que não é apenas complexa, mas profundamente política e ligada ao exponencial aumento do comércio no século XIX. Uma história que mistura ciência, comércio e religião, entre outras variáveis, que resultou muitas vezes em revoltas populares e insatisfações. Sim, por muito tempo, o metro e o quilograma foram acusados de serem sistemas de pesos e medidas ligados ao ateísmo, à adoração do diabo estragando os desígnios de Deus.

O quilograma, assim o metro, nasceu dos questionamentos sobre as medidas tradicionais e despadronizadas durante o Iluminismo, na França do século XVIII. Para filósofos e cientistas da época, a profusão de pesos e medidas usadas então por diferentes países ou mesmo regiões da França, atrapalhavam o comércio, a ciência e, em última instância, a vida cotidiana das pessoas.

Era preciso achar uma maneira de pesar e medir as coisas que não fosse apenas um padrão aleatório, geralmente baseado no corpo de rei, como acontecia até então. Como acreditava-se que o rei possuía um poder que vinha de Deus, essas medidas eram consideradas divinas. Polegadas, pés ou braços eram nomes comuns para essas medições. O novo padrão, debatia-se deveria vir de uma medida natural, ou seja, uma medida decorrente de um experimento com a natureza, passível de ser reproduzido, se o padrão original fosse perdido.

A aplicação dessas medidas científicas só vieram com os iluministas revolucionários franceses que, durante a Revolução de 1789, decidiram mudar radicalmente os padrões vigentes – tanto na contagem do tempo, com a criação de um novo calendário, como nos padrões de medidas. Dessa maneira, o metro nasceu dos questionamentos científicos durante a revolução francesa – era, assim, uma medida que era ligada a um experimento científico conduzido pelo homem, e não por Deus.

Depois de décadas de discussão, a revolução francesa deu um impulso para que se criasse uma nova Comissão de Pesos e Medidas, formada por cientistas e filósofos eminentes. Logo no início do processo, chegou-se a um padrão, correspondente a décima milionésima parte da distância do equador terrestre ao polo norte medida ao longo de um meridiano. Mas não era um meridiano qualquer ou aleatório, era o meridiano que passava pela cidade de Paris. A medida se chamaria metro, palavra vinda do grego, *métron*, que significa justamente "medida". A partir dela, os cientistas da comissão estabeleceram as variações decimais, para baixo, como milímetro e o centímetro, e para cima, como o quilômetro.

A mesma comissão trabalhou com um sistema único de pesagem, criando o grama, inicialmente chamado de "grave". Sua definição científica tinha por base a massa de um decímetro cúbico de água destilada, no vácuo, no seu ponto de congelação. A palavra também vinha do grego, significando "peso pequeno". O mesmo sistema decimal foi definido para se pesar derivados, como o centigrama e o quilograma.

Por muitos séculos, as medidas e os padrões eram explicados como fenômenos inspirados em Deus ou atos divinos. Essa noção, quebrada pelos cientistas e filósofos da Revolução Francesa, se intensificou numa série de cientistas, engenheiros, escritores e astrônomos que contestavam a adoção do metro. Foram várias sociedades anti-métricas, principalmente nos Estados Unidos. Todas expunham clássicos argumentos dos movimentos antirreformistas americanos da época. Era uma mistura feroz de teorias conspiratórias, uma volta a natureza e a Deus, uma distorção de fatos grosseiros de história e de ciência, uma xenofobia e nacionalismos exacerbados. Os defensores do metro e do quilograma seriam os outros, ou seja, os revolucionários, anti-cristãos, socialistas, estrangeiros reformistas, cientistas loucos.

A principal teoria desenvolvida e aceita pelas sociedades anti-métricas era a da Grande Pirâmide de Gizé, no Egito. Ela era tida na época como uma das grandes maravilhas do mundo, símbolo de solidez e permanência. Um membro do parlamento britânico, Richard Vyse ao viajar para o Egito ficou convencido de que a pirâmide guardava conhecimentos matemáticos secretos. Entre 1859 e 1864, ele publicou vários panfletos.

Eles acreditavam que a matemática envolvida na construção da pirâmide guardava um segredo – que a razão entre dois lados da base da pirâmide com sua altura era exatamente igual a *pi*, ii~, um número irracional desconhecido por séculos. Acreditavam também que os egípcios teriam sido incapazes de formularem algo tão elaborado – e que os cálculos para se construir a pirâmide teria vindo de israelistas. Como os cálculos teriam vindo de isrealistas, o povo escolhido por Deus, cujo principal projeto arquitetônico havia sido a construção da Arca de Noé, as medidas de Gizé seriam sagradas, feitas pelo Grande Arquiteto da Humanidade, Deus.

A história não tinha nenhum fundamento, já que os israelitas haviam passado pelo Egito muito depois de a pirâmide ser construída. No fundo a adoção dos padrões de medida franceses se tornava uma batalha entre um sistema antigo e sagrado, concebido por Deus, e um novo, moderno e revolucionário, feito pelo homem. O quilo, que usamos tanto no nosso dia em receitas ou no supermercado, tem, portanto, uma história revolucionária, ligada à ciência.

Eles tacam fogo, a gente semeia de novo

Nas últimas semanas assisti, estarrecida, a queima de grande parte do Pantanal. Animais, árvores, biomas inteiros que estão desaparecendo da noite para o dia para dar lugar a pastagens. A maioria das áreas devastadas era de preservação ambiental, muitas eram parques. Tacar fogo na mata para limpar o terreno é uma técnica muito, muito antiga. Sempre foi usada no Brasil com resultados catastróficos. Geralmente as áreas devastadas são usadas por grileiros, posseiros, criadores de gado e fazendeiros de monoculturas. O resultado é muito pior do que apenas as queimas das matas, já que na esteira chegam grandes plantações de soja, enormes pastos geridos por companhias multinacionais, trabalho escravo ou quase escravo. Não perde só o meio ambiente, perdemos todos nós.

É interessante pensar o quanto a ditadura militar de 1964 esteve ligada a processos de queima de biomas nativos e trabalho escravo, assim como está acontecendo agora.

Em dezembro de 1975, a Fazenda do vale Cristalino, que pertencia à Volkswagen e ficava no Araguaia, promoveu o que foi considerado na época o maior incêndio no planeta. A fazenda fora um presente dos militares à multinacional alemã – já que, no acordo, o governo brasileiro subsidiou a compra das terras com empréstimo a juros baixíssimo.

As terras queimavam desde 1974, mas o incêndio se intensificou em 1975. Durante um encontro científico da época, a SBPC, pesquisadores e cientistas analisaram, por meio de nova tecnologia, os satélites, a extensão do dano causado ao meio ambiente. Fizeram a denúncia internacional, que comoveu o mundo, que na época estava num processo de sensibilização para temas ambientais. A relação entre a Volks e o governo militar era de muita proximidade – funcionários das fábricas da Volks de São Bernardo eram vigiados, alguns foram presos e torturados dentro das fábricas. A fazenda do Vale Cristalino, que se pretendia modelo, acabou naufragando num mar de denúncia de devastação ambiental e trabalho escravo.

Esses projetos possuíam o apoio, financeiro e de marketing, de diversas empresas nacionais e estrangeiras. Enquanto o Araguaia queimava, as empresas ganhavam muito dinheiro. Entre as que apoiavam o projeto de desenvolvimento da região estavam Mappin, Scarpa, Gasparian, Alcântara Machado, Swift, Lunardelli, Camargo Corrêa, Villares, Finasa, Germaine Bouchard, Levy, Junqueira Vilela, Meinberg, Avelar Assumpção, Ometto. Na época, a Ometto promoveu um deslocamento de um grupo indígena inteiro, resultando em epidemias que mataram centenas de pessoas; no processo, cinco crianças foram sequestradas e nunca mais vistas. O mesmo acontece hoje. Enquanto nós ficamos chocados em ver as chamas na televisão, as empresas que irão "desenvolver" a região ganham muito dinheiro. O plano dos militares de então é o mesmo dos militares de hoje, com Bolsonaro na presidência. O lucro e as corporações acima da vida.

Dá um certo desânimo ser historiadora e saber o que ocorreu na época, com essa retomada do autoritarismo, da devastação, da cultura da empresas e da morte – tudo isso somado às benesses que ganham os militares. Mas eu tenho uma natureza que é briguenta, teimosa e otimista, tudo ao mesmo tempo. Por isso foi pesquisar mais e me lembrei de quando ainda estava no começo de minha adolescência.

Sou filha da ditadura, nasci em 1972. Não entendia muito o que estava acontecendo no país, tudo parecia nebuloso e coisa de adultos. Só sabia que algo estava muito errado. Quando a redemocratização tomava fôlego no país nos anos 1980, meu pai, que é médico, foi trabalhar na Cetesb, Companhia Ambiental do Estado de São Paulo. Era uma época em que a Mata Atlântica, ao redor de Cubatão, tinha sido devastada pelas indústrias da região. Eram 23 complexos petroquímicos, siderúrgicos e de fertilizantes instalados na região, que fizeram um estrago ambiental enorme na Mata Atlântica. A poluição era brutal e cobrava seu preço. Toda hora na TV noticiava-se encostas caíam soterrando moradores em seguidas tragédias.

A partir de 1985, foi elaborado em plano entre o IPT (Instituto de Pesquisas Tecnológicas), o Instituto Florestal (IF) e o Instituto de Botânica (IBt), sob a coordenação da Cetesb, para reflorestar a região. A ideia era o mesmo tempo simples e genial – uma pequena cápsula de gelatina com micronutrientes e sementes da região foi desenvolvida e posteriormente jogada de helicóptero. Meu pai participou desses voos de helicóptero sobre a floresta devastada para jogar as cápsulas com as sementes. Ele sempre chegava em casa animado, contando o que que tinha acontecido e que estava dando certo. Eu não entendia direito, mas achei interessante e nunca me esqueci. Realmente, a Mata Atlântica na Serra do Mar foi recuperada dessa forma.

E eu, então, penso na música do Paulo César Pinheiro e do Maurício Tapajós, "Pesadelo".

> Quando o muro separa, uma ponte une
> Se a vingança encara, o remorso pune
> Você vem me agarra, alguém vem me solta
> Você vai na marra, ela um dia volta
> E se a força é tua, ela um dia é nossa
> Olha o muro, olha a ponte, olhe o dia de ontem chegando
> Que medo você tem de nós, olha aí...
> Você corta um verso, eu escrevo outro
> Você me prende vivo, eu escapo morto
> De repente olha, eu de novo
> Perturbando a paz, exigindo troco

E é assim. Eles vão tacar fogo. E nós teremos as sementes para reflorestar – os biomas, a democracia e os corações.

Ah sim. Pela atuação de reflorestamento da Mata atlântica, meu pai foi fichado no DOPS como "ambientalista".

O lugar das mulheres é na cozinha. Qual cozinha?

Um fantasma ronda as cozinhas do mundo todo: a presença das mulheres. Ainda hoje mulheres que trabalham em cozinhas profissionais são vistas com desconfiança. Mulheres que ganham estrelas Michelin, o guia francês mais conhecido de classificação de restaurantes, também são raridades (ainda que pouco a pouco isso esteja mudando). Os casos de assédio, sexual e de trabalho, são corriqueiros nas cozinhas de bares e restaurantes profissionais ao redor do mundo, ainda que pouco se fale sobre isso. Por incrível que pareça, falar sobre assédio das mulheres nas cozinhas profissionais ainda é um tabu, visto como um assunto proibido e de mau gosto. Mas essa é a realidade na maioria desses espaços.

A história das mulheres nas cozinhas profissionais começa com a disseminação dos restaurantes na França do final do século XVIII. Com a crescente popularização desse tipo de estabelecimento, ao longo do século XIX, uma questão começa a se colocar: se as mulheres estavam à frente das cozinhas caseiras, por que não poderiam encabeçar estabelecimentos comerciais? Nas cozinhas reais, os cozinheiros geralmente eram homens, encarregados de servir um batalhão que vivia nas cortes. Nas batalhas, existiam frentes de cozinheiros destinados a fazer as refeições dos soldados.

As cozinhas, da corte ou dos campos de batalha, eram lugares inóspitos, para dizer o mínimo, que demandavam enorme força física e saúde. Essa necessidade de esforço físico foi uma das justificativas para afastar as mulheres das cozinhas de restaurantes no século XIX. Até hoje, é comum pedir para mulheres que estão iniciando o trabalho em cozinhas profissionais que busquem as panelas mais pesadas, carregadas de água. É uma espécie de teste de resistência.

As mulheres estiveram na cozinha, alimentando as famílias desde os tempos imemoriais. Era responsabilidade da mulher, na cultura ocidental, alimentar, cuidar e manter limpa a casa, no que hoje é chamado de trabalho não remunerado ou trabalho invisível das mulheres, esse eterno cuidado com a casa e a família. Quando os restaurantes se disseminaram no século XIX, elas continuaram presas à cozinha domésticas com nenhuma remuneração (a maioria) ou baixíssimos salários, como as cozinheiras de famílias ou empregadas domésticas. Muitas cozinheiras de família possuíam um dom ou uma habilidade culinária tão desenvolvida quanto a dos chefs dos mais renomados dos restaurantes de Paris. O que teria acontecido, então?

O desenvolvimento dos restaurantes trouxe problemas trabalhistas para seus funcionários, como aconteceu com toda a categoria profissional na França e na Inglaterra após Revolução Industrial. Os trabalhadores de restaurantes, garçons e cozinheiros, se uniram em sindicatos para defender seus próprios interesses. Ganharam uma série de proteções trabalhistas ao longo do tempo, como a necessidade de profissionalização em escolas de gastronomia, tempos de trabalho, salários que se modificavam conforme a hierarquia da cozinha.

Mas uma das principais reivindicações foi a diferenciação do trabalho masculino e feminino na cozinha. Aos homens ficou reservado o trabalho profissional dentro de estabelecimentos como os restaurantes, com uma estrutura regulamentada por leis, e às mulheres ficaram com as cozinhas de família, com aprendizado informal e não letrado e uma remuneração associada aos serviços domésticos. Temos alguns exemplos de grandes cozinheiras domésticas na literatura inspiradas por figuras reais, como Françoise, a cozinheira descrita por Marcel Proust em *Em busca do tempo perdido*. Segundo os sindicatos da área durante o século XIX, as mulheres não poderiam se filiar, tampouco frequentar escolas de gastronomia.

O sistema francês se espalhou pelo mundo com a disseminação dos restaurantes. Hoje, vive-se num legado desse tempo dentro dos restaurantes. Assédio, discriminação, preconceito são comuns em grandes estabelecimentos. São poucas as mulheres a conseguirem o cargo de chef, e geralmente sua atuação fica restrita à confeitaria. Gritos, manobras sutis, piadas machistas são comuns. Mesmo com um intensivo treinamento profissional, muitas mulheres desistem de trabalhar em restaurantes e tomam carreiras paralelas na gastronomia – criando buffets ou sistemas de entrega, fazendo festas particulares, escrevendo sobre comida.

Um reflexo dessa atitude perante as mulheres na cozinha pode ser visto nos programas de reality show dos dias de hoje, em que muitas vezes vê-se risinhos, piadas ou desprezo por mulheres que estão cozinhando. As coisas estão mudando lentamente, mas ainda falta muito para que a cozinha profissional de restaurante seja uma profissão aberta às mulheres. Escrever sobre isso é também uma forma de abrir caminhos e expor a absurda discriminação contra a qual os trabalhadores homens da área, por "tradição", compactuam.

Sobre o trigo, o pão e as padeiras no século XIX

Na recém-fundada São Paulo do século XVI, o trigo foi plantado nos arredores do pequeno povoado, nos primeiros tempos da colonização. Ao longo do século XVIII, as plantações, que eram difíceis e pouco produtivas, acabaram, e o costume de se comer farinha de trigo e pão diminuiu consideravelmente. Dessa forma, a cidade só voltaria a consumir pão com alguma regularidade em meados do século XIX, depois de longas e complexas batalhas que envolveram importação de trigo de países distantes, novas e revolucionárias tecnologias e a chegada de trabalhadores imigrantes com gostos diferentes.

Ao longo de todo o século XVIII, as padeiras da cidade travaram uma briga feia com o governo por causa das taxas e impostos sobre o trigo. Brancas pobres, moradoras da terra ou vindas do Reino, as padeiras vendiam pão em tabuleiros pelas ruas sozinhas por meio de escravas, chamadas de quitandeiras. Vender comida em tabuleiros era uma antiga prática portuguesa que se disseminou na colônia e atravessou o império com muitas resistências por parte das autoridades.

As quitandeiras em geral, e as padeiras em particular, eram figuras importantes da cidade, tanto que a Câmara discutiu o problema do pão por muitos meses ao longo de diferentes anos, como em 1726 ou 1739. As padeiras, como Isabel Peres Teixeira, Josepha de Moura, Anna da Silva, Escolástica e Catarina Vollosa e Josefa de Souza, eram as donas dos fornos e adquiriam farinha de trigo de fora, por meio de carregamentos que vinham do porto de Santos. As constantes brigas com a câmara da cidade nos revela a importância do consumo e da escassez do pão consumido na época.

A falta de pão para consumo diário no Brasil era corrente, conforme atestam relatos de viajantes, memorialistas e romancistas. "Pão e bolacha só apareciam à mesa nas casas-grandes mais opulentas; nas outras era um luxo raro", escreveu Gilberto Freyre em *Sobrados e mucambos*. O pintor Debret escreveu sobre um jantar usual no início do século XIX: o "escaldado flor de farinha de mandioca [...] substitui o pão, que nessa época não era utilizado no jantar".

São Paulo não era exceção ao que dizia Debret e seguia os costumes nacionais. Aqui se consumia muito mais farinha de milho e de mandioca do que farinha de trigo. Vários fatores contribuíam para essa ausência do pão nas mesas brasileiras e, em especial, nas paulistas. Até meados do século XIX, os brasileiros consumiam sobretudo cotidianamente milho e/ou mandioca. O viajante Robert Ave-Lallemant, ao andar pelo Sul do país em 1858, comentou que o serviram "pão de milho, manteiga, carne-seca e um copo de vinho do porto".

O trigo somente foi plantado em uma quantidade razoável no país, mais especificamente no Rio Grande do Sul, a partir da segunda metade do século XVIII – o mesmo acontecendo com a Argentina e o Uruguai. Ainda assim, a produção do Sul era levada quase toda para a corte, onde servia para abastecer a mesa dos mais ricos.

Durante muito tempo o pão consumido pela população era constituído pela farinha de mandioca e pelo milho, em suas mais variadas formas. Outro viajante, Alcide Dorbigny, ao falar sobre a cidade, em 1832, dizia que "a principal cultura é o milho, vendo-se, em compensação, poucas plantações de mandioca. Os habitantes dessa província consideram a farinha de mandioca como malsã, ao passo que, nas províncias do Norte, é a farinha de milho que assim é considerada". A mandioca ou milho apareciam como substitutos do pão de trigo desde a época colonial.

O naturalista e viajante inglês John Mawe escreveu em 1809: "Jantamos com apetite, mais ou menos às sete horas, galinha assada e mandioca, que substituía o pão. Este último é tão raro nesta região, que a aldeia de Barbacena, muito povoada, não pôde, embora situada no distrito mais abundante em grãos, nos fornecer senão uma rosca."

Já o geólogo americano Orville Dalbert Derby, falando sobre a região de São Paulo e Minas Gerais na década de 1870, disse o seguinte: "Nunca prestei atenção à distribuição das farinhas, mas, conforme me lembro, nas partes de Minas e São Paulo por onde tenho andado, encontram-se geralmente as duas, parecendo-me ser a preferida a do milho. Creio que os antigos paulistas eram comedores de farinha de milho e angu, e até onde eles foram encontram-se o monjolo e roda de fubá. [...] Ricos e pobres preparam a farinha de milho socando no monjolo, depois de macerados (e frequentemente apodrecidos, especialmente em São Paulo) os grãos, assando depois a massa num forno como o de mandioca. Canjica parece ser um prato especialmente paulista, e ainda hoje, em algumas mesas mais ricas (como a de D. Veridiana Prado) ela aparece quase constantemente."

As quitandeiras continuaram com seu comércio de pães, bolos, pão de ló e outras iguarias durante todo o século XIX, até o estabelecimento das feiras livres e a regulamentação do comércio de alimentos de ruas, numa luta constante contra a prefeitura e a Câmara da cidade. O trigo só entrou de vez na alimentação paulista com as grandes exportações americanas e russas de meados do século XIX, que envolviam uma série de novas técnicas de plantio, colheita e exportação regulares por navios a vapor. Com isso, o preço do trigo baixou consideravelmente, e o pão tornou-se um alimento regular nas mesas brasileiras.

Em São Paulo, o comércio de farinha se aliou à chegada de uma nova leva de habitantes vindos da Europa – os imigrantes. Os italianos passaram a entrar em números cada vez maiores para abastecer as lavouras de café. Inconformados com a dieta brasileira, exigiam trigo para o pão e para a pasta, feitos muitas vezes em casa. Minha avó costumava fazer macarrão até ficar muito doente e não conseguir mais ficar de pé, assim como sua mãe e sua sogra, que vieram da cidade de Pizo, na Calábria, para São Paulo.

O gosto pelo trigo aliou-se à ideia de transformação e modernidade no país naquela época. O pão e as padarias se espalharam pelas cidades. Já na década de 1930, o poeta modernista Manuel Bandeira escreve sobre as duas forças que moviam o país, imitando o barulho da ferrovia: "Café com pão/ Café com pão/ Café com pão / Virge maria que foi isso maquinista? / Agora sim / Café com pão / Agora sim / Voa, fumaça / Corre, cerca / Ai seu foguista / Bota fogo / Na fornalha / Que eu presciso / Muita força / Muita força / Muita força / Oô...".

Os muitos milhos do Vale Sagrado dos Incas

Nas encostas que rodeiam as montanhas de Cuzco, no Peru, uma maneira especial de plantar milho se espalhou por todo o Império Inca por volta do ano de 1400, do Equador ao Chile. Era o auge de um dos maiores impérios da América e as encostas das montanhas estavam cheias de plantações trabalhadas para receberem as diversas variedades de milhos consumidas pela população local.

Numa região com condições adversas para o cultivo de alimentos por causa da altitude e das montanhas íngremes, os incas cavaram terraços em curvas, pensados e plantados de maneira a receberem mais sol ou vento ou umidade. Os terraços, que são cultivados dessa maneira até hoje, formam microclimas, mais úmidos e quentes que outras regiões do mesmo local. Para o armazenamento dos grãos, os agricultores usavam o mesmo conhecimento sobre o sol, os ventos e a unidade da região, que eram utilizados para construírem silos em lugares com mais vento e sol, o que possibilitava um armazenamento mais longo. Ao mesmo tempo, um intrincado sistema de irrigação foi pensado a partir das águas dos lagos gelados e do derretimento do gelo. O resultado foi a expansão agrícola das muitas variedades de milhos que espalharam pelo império, vindos essencialmente do México.

O milho acabou se tornando um dos alimentos principais da cultura Inca ao lado das batatas, das pimentas, dos tomates, dos amendoins, da coca e da quinua. O sucesso da expansão inca se explica tanto pela maneira de plantar, nos platôs irrigados, como pela formação de uma complexa rede de estradas e caminhos em que esses alimentos eram distribuídos para a população – carregados por lhamas. A chegada dos espanhóis, no século XVI, mudou de maneira profunda a sociedade inca. Mancio Serra de Leguisamo, o último sobrevivente dos primeiros colonizadores espanhóis, escreveu as seguintes palavras em seu diário em 1589:

> Encontramos esses reinos em tal bom estado, e os Incas os governavam de maneira tão sabia, que entre eles não havia um ladrão ou um viciado, não havia uma adúltera, ou sequer uma mulher má admitida entre eles, não havia tampouco pessoas imorais. Os homens tinham ocupações honestas e úteis. As terras, florestas, minas, pastos, casas e todos os tipos de produtos eram controlados e distribuídos de tal forma que cada um sabia o que lhe pertencia, sem que outro tomasse ou ocupasse algo

> alheio, ou fizesse queixas a respeito... o motivo que me obriga a fazer estas declarações é a libertação da minha consciência, visto que me considero culpado. Pois destruímos, com nosso mal exemplo, as pessoas que tinham tal governo como o que era desfrutado por esses nativos. Eram tão livres do cometimento de crimes ou excessos, tanto os homens quanto as mulheres, que o índio que tinha 100.000 pesos em ouro e prata em sua casa a deixava aberta, meramente deixando uma pequena vara contra a porta, como sinal de que seu mestre estava fora. Com isso, de acordo com seus costumes, ninguém poderia entrar ou levar algo que estivesse ali.[1]

Os incas tinham uma sociedade com características muito singulares. Suas técnicas de conquista de adversários, que atingiu seu auge ao longo do século XV, incluíam incorporar os inimigos para que aceitassem pagar impostos. Era um império de muitos povos e múltiplas culturas. A agricultura organizava-se num extensa faixa de terras que acompanhava a Cordilheira dos Andes, do Equador ao Chile. Funcionários reais fiscalizavam as colheitas e o recolhimento dos tributos. Cusco, em quíchua *Qosqo* ou *Qusqu*,

---

1 Mancio Serra de Leguisamo se arrependeu dos feitos como conquistador e escreveu um diário como forma de expiar os pecados dos espanhóis. O diário foi traduzido e publicado dentro dos estudos de Sir Clements Markham, *The Incas of Peru* (Londres: John Murray, 1912, 2ª edição). Geógrafo e viajante do final do século XIX, Markham acabou por publicar um dos mais contundentes estudos sobre os Incas no início do século XX.

que significa umbigo do mundo, era a capital do império, onde ficavam os imperadores, chamados de O Inca, com poderes divinos traduzidos em roupas especiais.

Os espanhóis, e o catolicismo, chegaram no século XVI e mudaram a cultura inca. Mas a vida cotidiana e a maneira de plantar permaneceu. A cultura local se transformou muito, mas carrega até hoje traços do passado inca. Atualmente, é possível visitar as terraças plantadas do Vale Sagrado, que rodeiam Cuzco e Machu Picchu, cidade sagrada dedicada ao Deus Sol. Os diferentes tipos milho estão associados à cultura inca de muitas maneiras. Durante o Império Inca, em Ayriwa, mês equivalente a abril do nosso calendário, comemorava-se a Dança do Milho Novo. A bebida ritual feita de milho fermentado é chamada de *chicha,* que significa milho, e pode ser feita a partir de diferentes espécies que crescem na região. A *chicha morena,* por exemplo, é feita a partir do milho roxo.

A preservação da cultura alimentar da região é um traço característico das populações locais. Os camponeses plantam e conservam os diferentes tipos de milhos da região, que possuem diferentes cores: roxo, negro, mesclado, branco, amarelo. Essa variedade se traduz em diferentes sabores e num dos melhores grãos de milho do mundo. Nem é preciso dizer que o milho transgênico não é plantado e que a população tem o maior cuidado com as sementes de suas criações. O orgulho pelas criações do diferentes tipos de milho do Vale Sagrado se traduz na importância e na variedade da culinária local.

A pipoca e a vida moderna

Em meados da década de 1920, em São Paulo, os petiscos preferidos da cidade eram quatro, vendidos pelas esquinas: batata cozida, pinhão, amendoim e pipoca. O jornalista Sylvio Floreal escreveu sobre as preferências da cidade nas páginas de seu livro de crônicas chamado de *Ronda da meia-noite*. Pseudônimo de Domingos Alexandre, Floreal era tipo muito conhecido por essas bandas: um pouco gordo, tinhas cabelos bem penteados pra trás da cabeça, andava com uma bengala esquisita e possuía curiosidade insaciável pelos tipos que vagavam pela metrópole em formação. Ele reparava que o pinhão e a batata assada tinham dado lugar para o amendoim e para a pipoca, petiscos incentivados pela vida rápida dos circos, teatros e cinemas.

A pipoca era, portanto, o petisco da modernidade, da velocidade, da voracidade, do tempo rápido e dos novos espetáculos que começavam a agitar São Paulo. Se a pipoca foi associada à modernidade dos anos 1920, vemos que ela tem uma história muito, mas muito mais antiga. Arqueólogos provaram que os povos do Peru consumiam pipoca cerca de 4.700 anos antes de Cristo e que restos de milho de pipoca estourada foram encontrados no México cerca de 3.600 anos a.C.

Assim, a pipoca fazia parte inerente da cultura asteca havia muitos séculos antes da chegada dos espanhóis. Abismados, quando chegaram e entraram na grande cidade do México, eles se espantaram ao verem os pequenos grãos de milho estourados adornarem os cabelos das moças do lugar. A pipoca, estourada nas fogueiras diretamente do milho ou feitas em panelas tampadas com areia, era parte inerente da cultura local. Logo passou a agradar também os estrangeiros.

O milho para fazer pipoca é uma variedade especial, chamada cientificamente de *Zea mays everta,* com espigas menores que as do milho que estamos acostumados na feira. Seus grãos podem aparecer em diferentes formas, pontudos, achatadinhos, redondos, e as espigas podem ser de diferentes cores, amarelo, branco, roxo, rosa – não precisa ser aquele milho, transgênico amarelo e gordo, ainda que a maioria dos milhos para pipoca seja desse tipo.

Nos EUA, em inglês se diz *porcorn,* mas em espanhol a pipoca tem um nome lindo, cujo milho estourado lembra as pombas brancas, *palomitas.* Em português pipoca vem do tupi e quer dizer "estalando a pele". No norte do Brasil, diz-se também popoca ou pororoca, que significa estrondar, e é usado também para o encontro das águas pluviais com o oceano. Por muito tempo as marcas de doenças de pele, como a bixiga, também eram chamadas de pipocas.

Num enorme lapso temporal, vemos que a pipoca era conhecida como um petisco saboroso nas feiras e mercados americanos ao longo do século XIX. Parques de diversão, corridas de cavalo, festas típicas eram locais em que o milho de pipoca, estourado não mais numa panela com areia, mas com gordura animal ou vegetal, fazia sucesso.

Aqui no Brasil, vemos um cavalo chamado Pipoca nas corridas cariocas do Prado Boa Vista em maio de 1884. Sinal de prestígio do petisco e do uso corrente da palavra na sociedade. E vemos pipoca em muitas poesias, crônicas e matérias de jornais como uma comida leve, de entretenimento, de comer junto.

Quando o cinema se popularizou, aqui e no mundo, como uma diversão de massas, a pipoca do circo e das feiras entrou nas salas de exibição para nunca mais sair. Criaram-se os carrinhos de pipoca que, invariavelmente, estavam nas portas dos cinemas. E a pipoca passou a ser sinônimo de modernidade, de diversão e de filmes. Sylvio Floreal na sua crônica ligeira sobre os petiscos da captou muito bem o espírito de seu tempo.

A galinhada de Sinhá Vitória

"Sonhava com uma cama de couro. Sentava-se na orla da cama de varas, abria a boca, dava suspiros, via o couro estendido, liso, bem pregado. Era bom."
— Graciliano Ramos, *Vidas Secas*

"Hoje não comi nada. Amanheci com fome e vou dormir com fome. O Brasil precisa ser dirigido por uma pessoa que já passou fome. A fome também é professora."
— Carolina Maria de Jesus, *Quarto de Despejo*

Há personagens que quase não falam, mas dizem o mundo inteiro. Sinhá Vitória, mulher de Fabiano em *Vidas Secas* (1938), é uma dessas presenças. Seu corpo cansado, sua fala contida, seus gestos econômicos escondem uma vontade imensa: uma cama de couro. Não se trata de luxo, nem de delírio. A cama é objeto e símbolo: do descanso negado, da permanência impossível, da dignidade adiada.

No mundo árido de Graciliano Ramos, a comida é ausência barulhenta. Há fome, há escassez, há cálculo. Come-se o que sobra: ossos, farinha, carne seca. Sinhá Vitória cozinha com o pouco. Seu gesto culinário é antes de tudo sobrevivência racionalizada. Ela não tempera — ela distribui. Não festeja — conserva. Cozinha como quem caminha: com precisão, sem promessa.

Já Carolina escreve com pressa, com urgência, com revolta. Suas frases são diretas, orais, feridas. O papel que recolhe seus diários é também prato vazio. Ambos, Graciliano e Carolina, criam com o pouco. São estilistas da precariedade. Suas escritas — como suas personagens — sobrevivem.

A linguagem de Graciliano também está com fome. Cada frase sua parece economizar energia, como os corpos das personagens que arrasta pelo sertão. Poucos adjetivos, frases enxutas, estrutura sintática quase seca. A escassez formal traduz a escassez material. É literatura construída com o mínimo, como a comida de Sinhá Vitória.

"Fabiano cochilava. A mulher sentia um desejo enorme de arranjar-se, sair da vida de bicho, ser gente. Acalentava esse desejo, que crescia, avolumava-se, tomava conta dela." (Ramos, 1938)

O Brasil, lembra ele, é um país que produz alimentos, mas nega o prato ao povo. A seca não é apenas climática; é também social. E nesse sentido, tanto a narrativa de *Vidas Secas* quanto o diário de Carolina Maria de Jesus ganham um peso documental: são testemunhos da fome como sistema, não como exceção.

Antes de Graciliano e de Carolina, já havia a fome. Mas foi Josué de Castro quem a nomeou como estrutura. Em *Geografia da Fome* (1946), ele desnaturaliza o fenômeno: a fome não é castigo divino, nem simples ausência — é política, é distribuição desigual, é resultado do latifúndio e do descaso estatal.

Ser gente, aqui, passa pela comida, pela casa, pela linguagem. Sinhá Vitória não sonha com um banquete — sonha com um móvel. E isso diz mais sobre o Brasil do que qualquer retórica: há mulheres que desejam uma cama, porque sequer possuem chão.

A linguagem de Sinhá Vitória é o silêncio. Mas um silêncio denso, que pensa. Ela sabe que Fabiano é bruto. Ela desconfia do soldado amarelo. Ela administra a miséria com olhos de economista, mãos de mãe, e nenhum direito de dizer. Ao contrário de Fabiano — que fala mal, mas fala —, ela raciocina. E é por isso que resiste.

"Fabiano era bruto. Que se havia de fazer? Era bruto. E ela precisava suportá-lo." (Ramos, 1938)

Sua comida não tem aroma, mas tem estrutura. Quando arruma as trouxas para partir de novo, leva farinha, carne seca, um pouco de sal. É o essencial do essencial. Mais que uma receita, é um enxoval da fuga. Cozinha portátil. Política da escassez.

Décadas depois de Graciliano, uma outra mulher — agora real — escreveria a fome com palavras que ardem:

Carolina Maria de Jesus. Em *Quarto de Despejo* (1960), ela narra a vida na favela com a brutalidade de quem não pode enfeitar. "Hoje não comi nada", diz Carolina, e não há metáfora aí. Só denúncia. Só fome.

Carolina escreve o que Sinhá Vitória viveu: a condição da mulher pobre no Brasil — sem comida, sem voz, sem descanso. Mas onde a ficção silencia, o diário grita. E a comida, antes racionada, vira texto. Vira documento. Vira política explícita.

"A fome também é professora", escreve Carolina. E, como toda professora, ensina para quem está disposto a ouvir. A ouvir as Sinhás, as Carolinas, as tantas que cozinham com restos e escrevem com sobras — porque é o que lhes foi dado.

Dizer hoje "galinhada à Sinhá Vitória" é um gesto simbólico. É imaginar, com alguma ternura, que ela — essa mulher feita de poeira e dignidade — recebeu um prato quente. Uma panela cheia, uma mesa posta. É fantasia? Talvez. Mas é também ato crítico, culinário e literário.

A galinhada é prato de festa modesta: arroz, açafrão-da-terra, frango de quintal, legumes de época. É comida de interior, de panela grande, feita para alimentar muitos — e com afeto. Coisa que Sinhá Vitória nunca teve. Mas que merece. No campo da comida, também é possível fazer justiça poética.

"Fabiano suspirou, a mulher olhou a cama de varas. A de couro viria mais tarde." (Ramos, 1938)

Neste livro, ela veio. Com cheiro de açafrão e gosto de reparação. Uma galinhada que cozinha a literatura, tempera a crítica e alimenta a memória das que sustentaram o mundo — sem jamais sentar-se à mesa.

Referências

RAMOS, Graciliano. *Vidas Secas*. Rio de Janeiro: José Olympio, 1938.

JESUS, Carolina Maria de. *Quarto de Despejo: Diário de uma favelada*. São Paulo: Ática, 1960.

Numa mesa imaginária, posta fora do tempo, Sinhá Vitória e Carolina Maria de Jesus se sentam lado a lado. A galinhada está pronta. Não há pressa, nem escassez. Pela primeira vez, elas não dividem o pouco — compartilham o que é devido.

Comem devagar, em silêncio. Uma olha para a outra. Nenhuma fala, mas ambas se reconhecem. Naquela mesa, o prato não é resistência. É reparação.

CASTRO, Josué de. *Geografia da fome*. Rio de Janeiro: Antares, 1984.

Às vezes a sobremesa é a bala: Tarantino e o banquete da violência

"Mmm! This is a tasty burger." — Jules Winnfield, *Pulp Fiction*

Sempre que revejo um filme de Tarantino, presto atenção em quem está comendo. Não por gula minha — embora não negue um milk-shake vintage —, mas porque aprendi que, nesses filmes, o que está no prato diz muito sobre o que vai explodir depois. A comida tarantinesca não é só sabor: é ameaça. É teatro. É prenúncio de sangue.

Lembro da primeira vez que ouvi a conversa sobre o "Royal with Cheese". Era só um diálogo solto em *Pulp Fiction*, pensei. Um jeito de matar o tempo entre dois assassinos. Mas aí veio o Big Kahuna Burger, e Jules roubando uma mordida com gosto e dizendo, como se fosse um crítico gastronômico: "essa é um hambúrguer saboroso". O que parecia só conversa virou domínio, prelúdio de execução. Comer, ali, era dominar. Era pisar com ketchup nos códigos da hospitalidade.

Tem também o creme chantilly sobre a torta de maçã em *Bastardos Inglórios*. Hans Landa, o vilão com a voz mais educada do cinema, obriga Shoshanna a esperar o creme antes de comer. E enquanto ela espera, a tensão ferve. A colher vira arma. Comer vira tortura. Tarantino sabe que não se faz suspense só com armas: às vezes, basta uma sobremesa.

Em *Django Livre*, Calvin Candie oferece vinho, charuto, carne e conversa — tudo em excesso, tudo em espetáculo. Mas o que está sendo servido, de fato, é o pavor. O jantar em sua mansão é montado como um ritual de dominação: cada prato revela o refinamento cruel de um homem que usa garfo e faca como se fossem instrumentos de dissecação racial. O banquete é uma armadilha.

Há algo ainda mais perverso na maneira como Tarantino enquadra o ato de comer: ele nos lembra que essas comidas, essas marcas, essas sobremesas nos são familiares. São parte do cardápio cultural de um certo sonho americano — doce e cruel, atrativo e mortal. O hambúrguer, o milk-shake, a torta de maçã: todos ícones do conforto que, nas mãos de Tarantino, se tornam armadilhas. O que deveria ser afeto vira armamento. O que parecia familiar se transforma em veneno. Tarantino nos mostra que, às vezes, o maior pesadelo vem disfarçado de sobremesa.

Já viu alguém devorar nachos com cara de serial killer? Veja *Death Proof*. Já viu sushi servido como se fosse um ritual budista? Hattori Hanzo faz isso em *Kill Bill*. Tarantino entende que comida é encenação. É uma maneira de manter as aparências antes da pancada.

E não é que o diretor só use comida como símbolo. Ele gosta mesmo de mastigar cultura pop. Inventa marcas de refrigerante, lanchonetes fictícias, milk-shakes que custam cinco dólares mas valem por uma antologia de ironias. Seus personagens não apenas comem: eles interpretam o ato de comer. Como quem ensaia um crime enquanto passa o café.

Talvez por isso seus cafés da manhã pareçam ressacas morais. Em *Jackie Brown*, as panquecas vêm com silêncio. Em outros filmes, os jantares soam como armadilhas. Comer é o que se faz quando não há mais o que dizer. Ou quando dizer seria perigoso demais.

No fim, a comida em Tarantino nos deixa um gosto estranho na boca. Um gosto de coisa conhecida — torta, hambúrguer, leite — que, de repente, vira veneno. Você ri, engole seco, e segue assistindo. Porque já aprendeu que, no cinema dele, ninguém oferece um prato de graça. Sempre tem uma colher de ameaça escondida no molho.

Na próxima vez que assistir a um Tarantino, esqueça a violência óbvia. Preste atenção em quem serve o café. Quem mastiga devagar. Quem espera o creme. Às vezes, a sobremesa é a bala. E se ao final da cena o vilão lamber os dedos, sorrir e soltar um *delicious*, desconfie. A sobremesa acabou — o estrago está prestes a começar.

Os muitos escritos de Jack Goody

Jack Goody, quando serviu no exército britânico contra os nazistas na África. Fonte: *The scotsman*, 14 de agosto de 2015, "Obituary"

Poucas vezes eu escrevo sobre minhas referências acadêmicas no estudo da alimentação. Mas, desta vez, quebrarei a regra. Nas últimas semanas venho pensando repetidas vezes na influência que um antropólogo inglês exerceu na minha maneira de pesquisar, entender e escrever sobre comida.

Jack Goody nasceu em 1919 como John Rankine Goody, tinha um pai inglês e uma mãe escocesa – ambos haviam largado cedo a escola e o pequeno Jack cresceu em Welwyn Garden City and St Albans, em Hertfordshire, um condado no sul da Inglaterra. Jack Goody tornou-se um antropólogo preocupado em estudar culturas letradas na África e na Ásia. Escreveu e editou em 1982 *Cooking Cuisine and Class*, um clássico. Mas já vou falar do livro.

Goody teve uma carreira incomum – e isso influenciou suas escolhas e seus escritos. Alistou-se em 1939 no exército britânico e foi designado para combater as tropas alemãs de Erwin Rommel no Norte da África. Pouco antes, no início de seus estudos na universidade de Cambridge, conheceu um grupo de intelectuais de esquerda que seriam seus amigos pelo resto da vida, entre eles Eric Hobsbawm, Raymond Williams e E. P. Thompson. Na guerra foi capturado depois de algum tempo lutando como segundo tenente. Passou três anos em campos de prisioneiro em diferentes locais. Preso e sem livros, Goody passou a dar aulas para outros prisioneiros de diferentes lugares do mundo enquanto planejava fugas espetaculares – numa delas chegou a ficar um bom tempo clandestino em Roma, onde foi novamente recapturado e mandado para a Alemanha. Essa falta de livros também determinou seu interesse pelas diferentes culturas, uma marca de sua carreira universitária, junto com seu interesse bastante diversificado em termos de assuntos.

Em uma grande entrevista a Maria Lúcia Pallares-Burke, em 1998, Goody explicou seus interesses, afirmando:

> "Isso talvez se deva às experiências extremamente variadas que vivi durante a guerra; ao fato de estar um dia lutando no deserto contra beduínos; em outro convivendo com prisioneiros de guerra indianos, sul-africanos, americanos, russos etc. Acho que quando voltei da guerra quis, de algum modo, dar um sentido a toda essa diversidade de vivências. Mas também acho que a leitura de Marx e Weber despertaram meu interesse para amplos problemas sociológicos e para a razão pela qual algumas coisas acontecem num lugar e não em outro."

Depois da Segunda Guerra, Goody passou muitas temporadas de estudo em pequenas aldeias no norte de Gana, na África. A ideia era pensar a partir desses povoados as rotas comerciais da região, suas relações com mundo, as influências culturais e o papel da cultura letrada. Dentre seus muitos trabalhos que fez, destacam-se os que pensaram a importância da cultura das flores, as relações familiares e entre homens e mulheres, as diferenças nas escritas do Ocidente e Oriente.

Para os estudiosos da história da alimentação, seu trabalho mais importante é o livro que citei no começo desta coluna, *Cooking, Cuisine and Class* (Cozinha, *cuisine* e classe), de 1982. Neste estudo, Goody se coloca uma questão central – por que a alta gastronomia não emergiu nas culturas africanas, como aconteceu em outras partes do mundo? Desse questionamento, ele parte para entender a importância da cozinha em diferentes culturas ao longo da história, passando pelo Antigo Egito, pela Roma Imperial, pela China medieval e pela época moderna na Europa.

O antropólogo entende, assim, como as diferentes maneiras de se preparar e consumir os alimentos refletem estruturas econômicas e sociais e diversos modos de comunicação. O estudo termina apresentando os impactos da industrialização dos alimentos em sociedades não desenvolvidas e como esses alimentos processados são incorporados em culturas alimentares tradicionais. É um superlivro mas não tem, ainda, uma tradução para o português.

Encarei o livro pela primeira uns 15 anos antes de escrever este texto, quando comecei meus estudos formais sobre alimentação na Universidade de São Paulo. Ainda hoje me pego voltando a ele para dar aulas ou para pensar sobre o enorme impacto da industrialização dos alimentos em nossas vidas. Isso é uma coisa. A outra é pensar na incrível vida e na obra desse intelectual que viveu o grande trauma do século XX – a Segunda Guerra Mundial – e fez viagens para lugares distantes de sua origem com um olhar de respeito e fascínio. Talvez venha daí sua enorme abrangência, importância e capacidade de pensar a vida cotidiana.

Alameda nas redes sociais:
Site: www.alamedaeditorial.com.br
Facebook.com/alamedaeditorial/
Twitter.com/editoraalameda
Instagram.com/editora_alameda/

Esta obra foi impressa em São Paulo no inverno de 2025. No texto, foi utilizada a fonte Palatino Linotype em corpo 10,7 e entrelinha de 16 pontos.